子どもの

地頭とやる気が育つおもしろい方法

篠原信

朝日新聞出版

はじめに

私は勉強が大嫌いで成績も芳しくない、よくいる子どもの一人でした。そんな私が「あ、学ぶって楽しいんだ」と気づいたきっかけがありました。「実験」です。

といっても、小中学校の理科の授業でやる「実験」は大嫌いでした。息を吹き込むと液が白くにごったり、スチールウールを燃やしたり、変化するのは、まあ、おもしろいとしても、その後の「プリントへの記入」が苦痛でした。すでに教科書に正解が書いてあるのに、どうして計算する必要があるの?と、もう面倒で面倒で……。

ところが大学3回生のとき、「好きな材料でお酒をつくってよい」という実験がありました。甘いものなら何でもお酒になると聞いて黒砂糖を材料に選び、黒砂糖が手に入らないから黒砂糖スナックで代用し……と無茶苦茶でしたが、どんなお酒になるか予想できず、ワクワクしました。友人もオロナミンCやアケビを材料に奇想天外なお酒をつくって、大変な盛り上がり。

実験嫌いなはずの私がどうしてこんなに楽しめるんだろう？　不思議でした。その後、研究者になって、私はさらに驚きました。勉強嫌いだったのに寝る間も惜しんで英語の論文を読み、「そうだったのか！　知らなかった！」とひざを叩き、さらに深まった謎を探るため、新しい論文を探したり自分で実験したり。徹夜もどれだけしたことか。寝るのが何より好きなのに。

嫌いだったはずの実験が大好きになり、勉強も嫌いだったはずなのに、好きな実験を極めるために貪るように学び始めました。私は自分の変化に驚きました。そして不思議なことに、実験科学と呼ばれる分野の理系の研究者は、だいたい似たような経過をたどります。自分から進んで夜中まで実験し、論文を読み漁《あさ》るようになるのです。この現象について大学の先生たちも、「そういえば、みんな放っておいてもやるよね」と、改めて考えると不思議な気がするようです。

いまなら、それがなぜなのか、わかります。

私は「勉強」は嫌いですが、「学ぶ」のは大好きです。

結果がわかっている実験は嫌いですが、結果がどうなるかわからない実験は大好きです。

そしてこれは私のことだけではなく、人間の学ぶ意欲はどうやって育まれるのか、という普遍的なことと直結しているのだと気がつきました。

勉強は、「勉《つと》めて強いる」と書きます。中国の人によると、嫌いなことを無理して取り組む意味になるそうです。イヤイヤ取り組むことは気乗りしないし頭も働かないしで、ちっとも頭に残りません。しかし「これ、一体なんだろう？」と不思議に思い、自主的、能動的に学ぶことは、広さ、深さ、速さが段違いです。修得する知識の量と質は圧倒的です。そして何より、楽しいのです。

人間は「できない」を「できる」に変えること、「知らない」を「知る」に変えること、つまり「学ぶ」ことが大好きです。しかし他人から「正解」を教えられると、つまらなくなります。パズルを自分で楽しみたいのに「そのピースはここだよ」と全部教えられたらつまらないのと同じです。人間は自分の力で「できない」「知らない」を「できる」「知る」に変えたいのです。


本書は、私が塾で子どもたちを指導してきた経験、研究者になり大学生を指導したり、ボランティアで子どもの面倒を見た経験に基づき、勉強嫌いになる原因を考え、解決法の提示を試みたものです。

本書のタイトルに「地頭」とあるのは、学ぶ意欲を取り戻すためには、いわゆる「学校のお勉強」にとどまらず、〈自然の不思議さ、神秘さに目を瞠《みは》り、楽しむ気持ち〉が大切だと考えたためです。楽しめば「もっと知りたい！　できるようになりたい！」という「やる気」が湧いてきます。そのためにはどうしたらよいか、を本書では考えていきます。不思議に思ったことを知ろうとすること、できないことをなんとしてもやりとげようという気持ちは、ちょうど、最近注目されている「ＧＲＩＴ（やりぬく力）」に相当するものと私は考えています。

勉強嫌いの子ども、なかなかやる気を出さない子どもにどう接したらよいのかお悩みの方は、目次で興味を持ったＱ＆Ａを好きな順で読んでみてください。本書を読めば、人間は生まれながらに学ぶのが大好きなのだということを思い出してもらえると思います。

学ぶことを楽しみ、成長することがうれしくなる。そんな赤ん坊の頃から備える感情を、多くの子どもたちが取り戻してくれることを願ってやみません。

篠原　信

子どもの地頭とやる気が育つおもしろい方法　目次

第一部　好奇心が湧き出る泉をつくる

第1章「不思議」は学ぶ意欲の源泉

Q1 子どもが何事にも無関心です。……018
A 「不思議」を一緒におもしろがってみてください。

Q2 早いうちから言葉を覚えさせたほうがいいでしょうか。……022
A 言葉は体験の後がいいですね。

Q3 物の名前を教えるには、どうしたらよいでしょうか……025
A 名前をわざわざ教える必要はありません。

Q4 何度も物を落としたり、お箸で茶碗を叩いたり、いたずらばかりします。……029
A 子どもは常に「実験」して学んでいます。

Q5 言葉の発達を促すには、どんな教え方がいいの？ 032
A 目にしたものの実況中継がおすすめです。

第2章 学ぶ意欲の基礎になる「自己肯定感」

Q6 子どもが何に対しても臆病です。 038
A 押しも引きもせず、横に並んでみてください。

Q7 下の子を出産後、上の子の赤ちゃん返りに手を焼いています。 044
A 短時間でいいので「目の前の子に全力投球」が大切です。

Q8 「なんで、できないの⁉」と思わず子どもに怒ってしまいます。 049
A 1日に5分間だけ、自分だけのティータイムを確保してみては？

Q9 親として、何かが足りていないような気がします。 054
A 子どもに足りない部分を埋めてもらいましょう。

Q10 父親が子どもを叱ったとき、母親はどういう態度を取ればいいでしょうか。 057
A 一方が叱ったときは、もう一方はなだめる役になりましょう。

Q11 子どもの短所ばかりが目につきます。……061
A それは、短所じゃなくて「特徴」ですよ。
Q12 そうは言っても、短所を「裏から」見られません。……066
A 「ねばならない思考」に陥っていませんか。
第三者の目も借りてみましょう。
Q13 子どもが夢をかなえるために、どう導けばいいですか？……070
A 子どものペースに任せ、自分から動いたことに
プラスのリアクションをしましょう。

第二部 意欲はどう育てる？

第3章 ほめる・叱る・そそのかす・楽しむ

Q14 ほめすぎると、つけ上がりませんか？……078
A ほめるのではなく驚き、おもしろがりましょう。

Q15 ごほうびで子どものやる気を引き出すのはどうですか？ …… 083
A 目的がすり替わってしまうので、おすすめしません。
Q16 叱ってもまったく聞きません。 …… 087
A 「したこと」を叱るのではなく、「しなかった」をほめてみてください。
Q17 子どもに響く叱り方ってありますか？ …… 091
A 叱ってほしいときに叱ると有効です。
Q18 「しっかりしなさい」と言ってもふにゃふにゃしています。 …… 096
A そそのかしてみましょう。
Q19 勉強ができる子でも気をつけることはありますか？ …… 101
A 「感動」のみずみずしさを大切に。

第4章 やる気を損なう注意点

Q20 宿題のことを聞くと「いま、やろうと思っていたのに！」と言い返してきます。放っておいたらやらないくせに！ …… 108
A 子どもが自発的に動く二つの「仕掛け」をつくってみましょう。

Q21 実社会は常に競争。子どものうちから競争させて、上昇志向を育てたいです。……114
A 多くの場合、比較は意欲を損ないます。その子のペースで進むのが最速です。
Q22 小学校3年生になって、すっかり勉強嫌いになりました。……118
A 減点方式をやめて加点方式にしてみては?
Q23 子育て本をたくさん読みましたが、あまり効果がありません。……122
A 子育て本は「目の付けどころ」を知るツールです。使い方を変えてみましょう。
Q24 覚えればいいだけのことを、理屈をこねてやろうとしません。……127
A 子どもには「なぜ?」さんと「役立つ?」さんがいます。タイプに合わせて接してあげてください。
Q25 子どもは一人ひとり違うと言われます。子育てに役立つ、共通の特徴はないのでしょうか。……131
A 「子どもの三類型」を知っておくと、対応がしやすくなります。

Q26 ギリギリにならないと勉強しようとしません。……139
A 子どもの学習スタイルには「毎日コツコツ型」と「ラストスパート型」があります。

第5章 意欲を引き出すコツ

Q27 鈍くさいし失敗ばかりで、放っておけません。……146
A 鈍くさいのも失敗するのも大事な「学び」です。待ってみてください。
Q28 勉強机に10分と座っていられません。……151
A 食卓やリビングで、時間を決めて、親も一緒に座りましょう。
Q29 いつまでたっても子どもで困ります。……156
A 節目のときに「約束の力」を活用してみては?
Q30 中学生になっても意欲というものが見えません。……159
A 親が少しずつ負けてあげてください。
Q31 なるべく長い時間勉強してほしいです。……162
A 学習は集中が大切。机に向かう時間の長短は関係ありません。

COLUMN　通過儀礼　166

第三部　やわらかくしなやかな地頭を育む

第6章　具体的な教え方

Q32　どれだけヒントを出してもトンチンカンな答えしか出てきません。　172
A　わざと惑わせる質問をして、回り道思考にとことん付き合いましょう。

Q33　考えずに、「わかんない」で逃げようとします。　177
A　質問をして、子どもの答えをおもしろがってみましょう。

Q34　わかっていないのに、すぐに「わかった」と言います。　183
A　本当に腹に落ちるまで、「三つの姿勢」で寄り添ってください。

Q35　分数や割り算でつまづいてしまいました。　187
A　ピザやケーキを子どもに切らせてください。

Q36 勉強をしているのに一向に成績が改善しません。 …… 192
A 観察して「かみ合う」場所を見つけましょう。

Q37 勉強ができない子どもに、どこから教えればいいかわかりません。 …… 197
A 小学校の算数で確かめてみましょう。

Q38 教えたその翌日には全部忘れています。 …… 205
A「教えない教え方」にしましょう。

Q39 解き方を丁寧に教えているのに、しっかり聞きません。 …… 211
A 子ども本人が「答える」部分を残すようにしてみましょう。

Q40 漢字や英単語などの暗記が苦手です。 …… 215
A 記憶力は「他人」だと思って、「えんぴつ読み」を試してみるといいですよ。

Q41 何度言っても、ちっともできるようになりません。 …… 221
A「入力」と「出力」は別物です。「出力」には時間がかかります。

Q42 数学の文章問題が苦手なようです。 …… 227
A 文章に出てくる数字をマルで囲んでみましょう。

Q43 あたふたと混乱して失敗ばかりします。 …… 230

Q44 国語の勉強の仕方がわかりません。……236
A 勉強の苦手な子は過度に緊張します。まずは、緊張を緩めてあげましょう。
A 1日に2、3行、簡単な新聞記事を書き写して、文節と品詞を学ぶといいですよ。

COLUMN マインドマップのすすめ……240

第7章 創造性・グリット・見渡す力

Q45 創造性のある子どもに育てるにはどうしたらいいですか？……246
A 創造性は「方法」をマスターすれば誰でも発揮できます。

Q46 自分の頭で考えられる子に育てるには？……251
A 「科学の五段階法」が有効です。

Q47 ちょっとしたことで心が折れてしまいます。……257
A 理不尽を排除しすぎないようにしてください。

本文に記載している肩書きなどは、2018年1月現在のものです。

ブックデザイン 杉山健太郎
イラスト やのひろこ

第　一　部

好奇心が湧き出る泉をつくる

第1章

「不思議」は学ぶ意欲の源泉

Q1 子どもが何事にも無関心です。

A 「不思議」を一緒におもしろがってみてください。

私は学生時代に10年間、中学・高校生を教える塾を主宰していました。そこでは毎年、生徒たちを海に連れていくのが恒例になっていました。和歌山の人ひとりいない海で、子どもたちは大はしゃぎするものですが、その子だけは違いました。

「ゲームセンターは？　コンビニは？　ないの？　何して遊べっていうの？」

私が海を指差したら、「えーっ！」。ブツクサ言いながら、携帯ゲームで遊び始めました。

自然の中で遊ぼうとしない子どもを初めて見て驚いていたら、その子の父親が自動車に積んだ冷蔵庫から冷えたビールを取り出し、テレビで野球観戦を始めました。海になど、まったく関心がない様子です。

ほどよく酔いが回ってきた父親をつついてみると、どうやら親が自然や生き物に関心を持っていないようでした。これまでも、子どもを積極的に自然の中へ連れ出してきたとは言うのですが、「海にヤドカリがいるのは当たり前だ。さあ行こう」「森に虫がいるのは当たり前だ。さあ行こう」と先を急がせたと言います。早く目的地に着いて一杯やりたくて、子どもが自然や生命に興味を持つ機会を奪ってしまっていたのです。その子はボーイスカウトにも参加していましたが、自然や生命に関心を持つ習慣がないので、目に映る自然の中の生き物、現象がすべて「路傍《ろぼう》の石」、つまり道端に転がる石ころと同じように興味の湧かないものになっていました。これでは好奇心の育ちようがありません。

親が立ちどまり、子どもが自然の不思議さ、神秘さに驚くことに一緒に付き合うのが、好奇心を育む上でとても大切です。

学習とは、私たちが生きるこの世界に興味・関心を持ち、それを知ろうとする行為です。いわゆる好奇心が原動力です。しかし「不思議に思う」ことがないと好奇心そのものが生まれません。好奇心がなければ学ぶ意欲も生まれません。

なぜなら、学校で学ぶことは「この世界」のことなのですから、この世界に興味を持たなければ、学ぶ意欲が生まれるはずもありません。

好奇心の強い子どもに育てるには、「不思議」に思う感性を育てることです。不思議に思えば、関心が湧きます。関心を持てば、「あれはなんだったんだろう？」と気がかりになり、いつかヒントになるもの（本やテレビからの情報とか）に出会ったとき、「あれはそういうことだったのか！」とうれしくなります。**「不思議に思う」と「知的アンテナ」が立つのです。**不思議に思ったこと、関心を抱いたことに関係する情報に敏感になり、その分野の知識が自然に広く、深く、緻密《ちみつ》になっていきます。知れば知るほど、もっと知りたくなります。

不思議がる子どもに育てるには、親が一緒に不思議がるのが一番です。幼児に接するお母さんたちの対応は、まさに理想的。

花を見て「わあ、きれいなお花！　いいにおいがするよ！　ちょっとかいでみよう！」。チョウチョを見て「ほら、チョウチョ！　ユラユラ飛んでいるね。風が吹いたのかな？」。お母さんがビックリしている。感動している。喜んでいる。子どもは、その気持ちを一緒に味わいたいと思います。

このとき、教える必要はありません。教われば「知った気」になり、それ以上関心を持たなくなることが多いためです。それもまた「路傍の石」化を助けることになります。

それよりも「もっと細かく」不思議がりましょう。「花の真ん中、黄色いのがあるよ。あれ？　指でついていたら黄色い粉がついたよ！　なんだろう、これ？」

そうすると「おしべ」を教えなくても、おしべの特徴を伝えられます。すると子どももも「ミツバチの足にたくさんついてるよ」というように、自分でも「不思議」を見つけようとします。観察力が育まれるのです。

観察すれば、いつかどこかでそれに関する情報に触れたとき、「そうだったのか！」とうれしくなります。そのうれしさが、さらに不思議を見つけようという動機になります。子どもはますます好奇心が強くなり、自然に学ぶ意欲も育ちます。

POINT 1

好奇心がないように見える子どもは、「着眼点」を見失っていることがほとんどです。そこらじゅうのものを親が一緒に不思議がって、見るヒント、感じるヒントをさりげなく伝えるといいですよ。

Q2 早いうちから言葉を覚えさせたほうがいいでしょうか。

A 言葉は体験の後がいいですね。

テストはどの教科も満点の成績優秀な小学生がいました。理科の実験で「上皿天秤《てんびん》で10gの塩を量りなさい」と聞いて、その子は「10g」と書いた紙を片方の皿に載《の》せました。錘《おもり》を載せないと量れないのに……。その小学生は文字の情報ばかり勉強して、体験的な学びをせずにきたのでしょう。でもまだこの子は、小学生の間にそれに気づいて幸いでした。

気づくのが大人になってからだと大変です。旧帝国大学の工学部に進学したある学生は、トンカチを持ったことがありませんでした。それゆえに研究用の機材を自分でつくることができず、精神的に参ってしまい、大学に来なくなってしまいました。

教科書や参考書に書かれている文字情報というのは、現象や体験の名前が並んでいるだけのものです。それを真に理解するには、体験的知識が必要です。たとえば「トマトの苗がしおれている」という状態を文字や数字で表現するのは、科学が発展した現代に至っても難しい。しかし、トマトがしおれた現象を体験的に知っている人同士なら、「しおれ」と書くだけで互いに理解できます。知識は、体験がないと真の意味で理解できないものです。

阪神大震災のとき、高校3年生のボランティアたちが何かしたいというので、木材を指差し、「これで焚《た》き火して、被災者の方たちに温まってもらって」と頼みました。

1時間ほどしてその場に戻ってくると、まだ火がついていません。「どうしたの？」と尋ねたら、「1時間、角材をライターであぶりましたが、火がつきませんでした！」と、火傷《やけど》した親指を見せられました。ライターであぶれば角材が燃えると思っていたのです。

この話を旧帝国大学の学生5人に披露したことがあります。笑い話のつもりで。ところが全員顔が真っ赤。「どうしたの」と尋ねたら、「それで火がつくと思っていました」とのこと。燃える（燃焼）という現象は、理系の人間にとっては基礎中の基礎の現象です。しかし、それを体験的に理解できている学生が非常に少なくなりました。科学研究を行う上で、体験的知識が欠如していることは、非常に心配なことです。

私が子どもの頃、ソニー創業者の井深 大《いぶかまさる》さんの著作『幼稚園では遅すぎる――人生は三歳までにつくられる!』(サンマーク出版)が評判となり、文字を0歳から教える早教育が一世を風靡《ふうび》しました。しかし、三神弘子《みかみひろこ》さん(現・早稲田大学国際学術院教授)による調査では、幼児に言葉カードでたくさんの言葉を覚えさせても、体験的な裏づけなしに言葉を覚えた場合、かえってその後の学習の妨げになったそうです(中島誠ほか著『新 心の探検隊――あなたも心の中をのぞいてみませんか』アカデミア出版)。

体験の裏づけがあってこそ、文字情報は「知識」になります。言葉だけが先走らないように、注意したいものです。

POINT 2

文字情報は、体験の裏づけがあって初めて理解し、知識になる。子どもには、何よりもまず、豊かな体験を。

Q3 物の名前を教えるには、どうしたらよいでしょうか

A 名前をわざわざ教える必要はありません。

私自身の子どもの指導の仕方を大きく変えるきっかけになった本は、『センス・オブ・ワンダー』（レイチェル・カーソン著、上遠恵子訳、新潮社）です。

カーソンは甥《おい》のロジャーを連れて雨降る森を探検に。ロジャーは水滴でキラキラ輝く小さなコケを「リスさんのクリスマスツリー」と呼びました。

まだロジャーが赤ん坊の頃、夜の海に出かけ、体の芯まで轟《とどろ》く波の音を感じながら、キャッキャと笑いました。静かな夜、月がぽっかり浮かんでいるのを、飽かず二人で眺めたり。海辺で貝やカニを見つけては、二人だけの呼び名でそれらの様子を眺め合ったり。

カーソンは世界的に名高い生物学者でしたから、生物の名前はお手のものでした。しかしカーソンはロジャーに教えませんでした。名前を覚えることに意識を集中しすぎると、目の前の不思議を楽しむことができなくなるからです。

中国の古典『大学』には「格物致知《かくぶつちち》」という言葉があります。言葉や名前などの文字の知識を極める（致知）前に、森羅万象《しんらばんしょう》を体験的に学びなさい（格物）、という意味だと私は解釈しています。

カーソンが「センス・オブ・ワンダー」（自然の不思議さ、神秘さに目を瞠《みは》り、驚く感性）を重視したのも、同じ思いだったのでしょう。

物の名前や知識を教えようとすると、不思議を楽しむ余裕がなくなり、名前を記憶することにエネルギーを奪われます。すると、自然や生命に興味を持てなくなってしまうのです。名前を覚え、知識を増やすより、目の前の現象を不思議がり、おもしろがり、体験的にしゃぶりつくし、楽しむこと。そうすれば、子どもは放っておいても「あれはなんだったのだろう？」と図鑑や教科書、インターネットで調べようとします。勝手に学び出すのです。

関心が先で、知識はその後。このことは、乳幼児の言葉の獲得の仕方からも見て取れます。娘が1歳9カ月のとき。数字の9を見て「きゅう」と言いました。ただし4を見せても7

を見せても「きゅう」。

どうやら「数字っぽいもの」をひとくくりに「きゅう」と呼ぶことにしたようです。娘はクネクネした線（つまり文字）のうち、比較的シンプルなものが数字であり、数えるときに使われ、それらには読み方がある、というところまで気づいたようです。数字の概念に近づいていますが、それを「すうじ」とは呼ばず、親しみのある「きゅう」で代表させたのでしょう。

思えば息子もそうでした。どの色を見ても「あお」。色には呼び名がそれぞれついていることに気づいていたようですが、まだ全部は覚えきれない。そこで、最初に覚えた「あお」で色を代表させることにしたようです。

そして次第に「きゅう」の中には「よん」とか「なな」と呼ぶものが含まれていることを識別し、「あお」の中には「あか」や「くろ」という別の名前を持つ色があることを識別していきます。「きゅう」には「すうじ」、「あお」には「いろ」という正式な呼び名があることに気がつくのは、しばらく後になります。

赤ん坊が知識を獲得していく順序がこうであるならば、学校教育での学習もその順序で進めたほうが頭に入りやすいのではないでしょうか。**印象に残ることがまず最初にあって、**

実はそれには「仲間」があることから概念の存在に気づかせ、その後に概念の正式名称を伝える、という順序です。

自分で法則性を見つけ、体験を蓄積し、概念が子どもの中で育ってきたら初めてその概念に名前をつける。ただし名前は正式名でなくてもよく、「とりあえずのアダ名」でかまいません。いずれ、正しい名前を知るきっかけは訪れるのですから。

POINT 3

物の正しい名前を知るのは、一番最後で大丈夫。
まずは、その言葉が表現している
事象や概念を、
体験的にたっぷり味わうといいですよ。

Q4 何度も物を落としたり、お箸《はし》で茶碗を叩《たた》いたり、いたずらばかりします。

A 子どもは常に「実験」して学んでいます。

食事中にお茶碗をぶんぶん振ったり、お箸で器をカチンカチンと鳴らしたり。子どもは楽しそう。でも、周りの大人は大変。余計なことをせず、行儀よくごはんを食べてほしいというのが大人の本音です。
ただ、私は、**3歳までは「余計なこと」が大事な学びになる**と考えています。というのも、大人にとって「余計なこと」に見えるそれは、子どもにとってとても大切な「実験」であり、学びだからです。

たとえば赤ちゃんは、物を下に落としたがります。大人からすれば「いたずら」ですが、赤ちゃんには大事な「実験」です。手を離すとコップは下に向かって遠ざかり、床に当たって音が鳴る。赤ちゃんはこの現象を「発見」し、「物は下に向かう?」「床に当たると大きな音が鳴る?」という「仮説」を検証しようと、何度も物を落とします。納得いくまで。

物が壊れたら「強い衝撃を受けると物は壊れる」ということを「発見」します。自分が発見した「仮説」が他の物体にも通じるのか確かめるために、他の物でも試してみます。そうしているうちに、やがて壊れにくいものがあることも「発見」します。

行儀を覚えることも大切ですが、赤ん坊の頃は言ってもわかりません。それならせっかくですから、はさみや包丁、割れ物のような危険なものは別として、「これならまあいいか」と思えるものを好きに叩かせたり、床に落とさせ、学ばせたらよいのではないでしょうか。

もし運悪く物が壊れても、それを「学び」の材料にしてしまいましょう。「あれー、ガチャンって大きな音が鳴ったねー。あ~、割れちゃった。ほら。下に落としたらこんなふうになっちゃうんだね。これ、好きだったのにね。残念」と言うと、子どもは壊れたものをまじまじと見つめるでしょう。

「残念だけど、バイバイ」と言ってゴミ箱に。子どもはその様子もじっと見ます。「落とすと壊れる。壊れるとゴミ箱行き。二度と会えなくなる」ことを学びます。

子どもは一通り納得いくまでやり切ると「飽《あ》きる」ので、「ずっと、こうなんじゃないか」という心配は無用です。あくまで大人の許容できる範囲の中でですが、ある程度大目に見てやれば、子どもはその範囲の中で、思う存分目いっぱい「学ぶ」のです。さまざまな実験をしながら。大人はその様子を眺めて、「この子はいったい、何を熱心にそこから学ぼうとしているのだろう?」と想像してみてください。

POINT 4

自分が何かに働きかけることによって起きることを、子どもは「実験」して確かめています。子どもが何に関心を持っているのか、観察してみましょう。

Q5 言葉の発達を促すには、どんな教え方がいいの？

A 目にしたものの実況中継がおすすめです。

勉強の苦手な子は、単語でしかしゃべらないことが多いです。「うん」「やだ」「ダサい」……。単語だけで文章になっていません。しかもレパートリーもかなり少なめです。

その場合、たいてい親も短いフレーズでしか話していません。ですので、私が長い文章を読むようにしゃべると、「なんでそんなに長くしゃべれるの？」と、不思議がられます。

短い言葉でしか話さない子どもは、同じようなしゃべり方の友人と遊ぶ傾向があるので、余計に言葉が発達しにくくなります。

子どもの言語能力を高めたければ、目にするもの、耳にするものをすべて言葉にして、子どもに語りかけてください。身の周りに起きることの「実況中継」です。

「あ！　信号が赤に変わったよ。青になるまで待っていようね」

「あの雲、綿菓子みたいでおいしそうじゃない？」

「赤い看板に、れ、す、と、ら、ん、って書いてあるね。今日はここで食べようか。何がおいしいかな？」

このように「リアルタイム実況中継」を赤ん坊の頃から聞かせると、子どもはじっと聞き入ります。そして親が、なるべく文章になるように言葉をつなげて話すと、子どももそれを真似《まね》るようになります。といっても、**完璧な文章を話そうと気負う必要はありません。**たどたどしくて結構です。

文字を無理に教える必要はありません。「実況中継」のさなかに目にした文字があれば読めばよいだけです。そのうち、直線や曲線の絡《から》まりにどうやら「音」が決まっているらしい、と子どもは気づきます。わざわざ知育グッズを利用しなくても（利用してもかまいませんが）、お風呂の浴槽の注意書きを子どもが見ていたら「ああ、これね、安、全、上、の、ご、注、意、って書いてあるんだよ」と、読んであげてください。読めるようになってほしいなんて思う必要はありません。

私たち夫婦が「実況中継」を続けたせいか、息子は2歳にならないうちに数字の5を「ご！」と読んだのを皮切りに字を読めるようになり、2歳半で字を書き始めました。ただし、字の書き方を教えたことはありません。落書きで線と線の交差が字に見えることを「発見」し、いろんな線を試行錯誤しているうち、「どうやらあの字にそっくり」という書き方を一つずつ見つけていったようです。

「いちご」という字を見て甘酸っぱい味を思い起こせないようなら、言葉が上滑《うわすべ》りになっています。Q2でも説明したように、あくまで言葉は実体験に基づいて発達することが望ましいです。そのためには、文字ばかりの学習用教材を与えるよりは、子どもと日常を一緒に過ごし、目にするもの、耳にするものを言葉にして伝えてあげてください。体験と同時に言葉を耳にすれば、言葉に体験という肉づけが伴《ともな》います。

さらに、言葉をなるべく文章にして聞かせれば、子どもは「言葉をつなぐ」おもしろさに気がつきます。そうすると、論理的思考も自然に磨《みが》かれます。しかも、親以上に。

実況中継を幼い頃から聞いてきた子どもは、自然に国語力も備《そな》わるでしょう。

POINT 5

目にしたもの、耳にしたことを、
言葉にして、子どもに話しかける。
そのときは、なるべく単語をつないで。
うまい文章にする必要はありません。

第2章

学ぶ意欲の基礎になる「自己肯定感」

Q6 子どもが何に対しても臆病《おくびょう》です。

A 押しも引きもせず、横に並んでみてください。

家族で海に行ったときのこと。4歳の息子が波打ち際から前に進みません。おじいちゃんやおばあちゃんが手を引こうとすると岸から離れて逃げてしまいます。不安が解消されないうちに無理に引っ張られると、恐怖心が湧《わ》くようです。

私は「ああ、自分の幼い頃とそっくり」と思いました。私は親に手を引かれたとたん、不安が恐怖に変わり、恐怖がさらに嫌悪に変わって、とうとう海に入りませんでした。「弟たちは突っ込んでいくのに」という声を聞くと、意固地《いこじ》になって「ええ、どうせ意気地なしですよ」と心の中でつぶやいたものです。でも本当は、自分のペースで海に慣れ、恐怖を克服し、楽しめるようになりたかったのです。大人になってから苦手な分野を克服するとき、慣れるまで自分のペースを守るようにしたのを思い出しました。

そこで私は、息子を押しもせず、手も引かず、しゃがんで横に並びました。すると息子は、大きな波がくるたび陸に逃げていたのに、私と並んで立ちどまるようになりました。

そのとき、私は何も言いませんでした。「もっと前に行こうか?」などと言ったら、親のすすめに従った格好になり、自分の意思で決めたことではなくなります。それでは息子はおもしろくありません。だから何も言わず、並んで海を眺《なが》めていました。

数センチ、息子が前に進みました。私もそれに合わせて息子の真横に。大きな波が来て息子が後ろに下がったら、私も下がって真横に。それを繰り返すうちに、息子は次第に後ろに下がらなくなり、だんだん大胆に前に進むようになり、ついに胸の深さまで浮き袋もつけずに突っ込んでいきました。恐怖心を克服《こくふく》したのです。

「行け」と言われなくても、子どもは内心行ってみたいものです。しかし不安がある場合は少しずつ不安をほぐしたいと考えています。そのときに周囲から、ああしたら? こうしたら? とせかされると、声に気が散って不安と向き合えず、不安を解消できなくなります。

他人のペースで無理に引っ張られると、不安が恐怖に変わり、いったん恐怖に転じると、他者からの説得は不可能に。理屈抜きの拒否になってしまいます。

しかし隣で寄り添い、不安な気持ちも、不安を少しずつ克服したい気持ちも察し、ただ見守り、待ってくれる人がいると、「ここまでなら克服できるかも」という瀬踏みが容易になります。

背中を押すでもなく、励ますでもなく、せかすのでもなく、挑発するのでもなく、真横に並んで一緒に同じ方向を眺めていたら、子どもは安心します。安心すると、前に進む勇気が芽生えます。

命令、アドバイスあるいは挑発の類《たぐ》いは、みな「自分より先に進んだところ」からかける言葉なので、子どもは気に入りません。親としては子どもがかわいくて、ついかまいたくなりますが、子どもは自分の力で物事を解決したい、克服したいと強く願うものです。「何もできない無力な存在」ではありません。「たくさんできないことがあるからこそ、できるようになりたい、知らないことがたくさんだからこそ、知りたい」という、とても能動的な存在です。そうした気持ちを察し、なるべく能動的に動くことを尊重してあげてください。

不安、恐怖を克服するには、他人に指図されるのではなく、自分のペースで心と相談しながら、自分の意思で進める必要があります。そのとき、そばに一緒にいてあげると安心します。

もう一つ、「勇気」の育み方について考えてみます。

私は父の肩車が怖くて仕方ありませんでした。ところが息子は「かたぐるま！」をお出掛けの際には大概要求します（肩車は危険性もあるので推奨《すいしょう》しません）。息子は私の肩の上で両手を手放し、お尻フリフリ。

その様子を見た私の父が「お前（私のこと）と違ってバランス感覚がいいなあ。どれ、おじいちゃんが肩車してやろう」と言い出しました。

ところがおじいちゃんに肩車されたとたん、息子の顔が青ざめました。

私は父に「手じゃなくて、足を握ってやってくれる？」と頼みました。息子は両手ではなく両足をしっかり握ってもらったことですっかり安心し、手放しでお尻を振って踊り出しました。

息子が勇気を取り戻せたのは、両足をしっかり握ってくれている安心感と、いざとなれば自分の力で何とかできるという腕の自由があったからです。ところがおじいちゃんの肩車だと両手を握られて「もし何かあっても自分では何もできない」と感じたのでしょう。しかも足は固定されていないから、振動で体が浮いてしまいます。何かあっても対処のしようがありません。息子は瞬時にその危険性を察知して、青ざめたのです。

このことは、「勇気」がどのようにして生まれるのかを教えてくれます。**勇気というのは、土台がしっかりしているという「安心感」と、何かが起きたときに自力でなんとかできそうだと思える「自由度」が確保できるときに湧いてくるものです。**

勇気は、少し背伸びすれば「できる」に変わると思えるときに必要となるものです。30センチの段差からしか飛び降りられなかったのが40センチでもできるかな、というギリギリの実力で背伸びして「できない」を「できる」に変えるとき、勇気を奮《ふる》います。そして、「できない」が「できる」に移り変わっていく体験を積み重ねることで、勇気は培われます。ビルの屋上から飛び降りるというのは勇気ではなくて蛮勇《ばんゆう》です。できそうにもないことをやろうとするのは勇気とは言いません。しかし大人は、「この年頃ならこのくらいできて当たり前」と、子どもごとの発達具合を無視した無茶を要求することが少なくありません。

少し背伸びをしたら「できる」に変えられそう。無理ならまた後日再挑戦しよう。そう思える「自由度」があると、勇気は失われません。たとえそのときはうまくいかなくても、「できる」に変えてやろう、という意欲を持ち続けることができます。

肝心なのは大人が無理強いすることで、子どもがそれを嫌いになってしまわない

ようにすること。嫌いにならなければいつか克服するチャンスがめぐってきます。

「できない」を「できる」に変える、ほんの少しの背伸びを地道に続けていくことが自信につながり、意欲を育むことになります。

POINT 6

慎重になることとは、情けないことではありません。
現実を把握する大事な感覚です。
自分の力で一つずつ克服できるように、
大人はただ、
静かに、一緒にいてあげるといいですよ。

Q7 下の子を出産後、上の子の赤ちゃん返りに手を焼いています。

A 短時間でいいので「目の前の子に全力投球」が大切です。

一番目に生まれた子は、ずっと両親や祖父母の愛情を一身に受けていたのに、弟妹が生まれたとたん、愛情を分け合うことになります。しかも向こうは赤ちゃん。こちらはひとりでできることも増えたお兄ちゃん、お姉ちゃん。大人は赤ちゃんばかりにかまって、上の子は放っておかれがちになります。

赤ちゃんが生まれるまでは、「できるようになったの！　えらいねえ」とみんながほめてくれたのに、赤ちゃんが生まれてからというもの、「あら、ひとりでできるようになったの。

助かるわ。赤ちゃんに手がかかるから、これからはそれもひとりでお願いね」と、むしろヤブヘビになる。頑張れば頑張るほど、できることが増えれば増えるほど、視線と関心と愛情が赤ちゃんに注がれてしまうなら、もう一度赤ちゃんに戻って、それらを取り戻したい。これが、赤ちゃん返りです。ひとりでできることはひとりでやってほしい。それで楽になった分、赤ちゃんに労力を割《さ》きたい。そう願うのも当然です。しかし、赤ちゃん返りをすると親の手間は二倍になってしまいます。

子どもが複数生まれると、親は「愛情の奪い合い」で引き裂かれます。あっちに目をかければ「○○ちゃんばかり！」、こっちに目をかければ「△△君ばかり！」。もうどうしていいかわからなくなります。そのうち、比較的聞き分けの良い子に愛情が移り、えこひいきをしてしまうこともあります。対象外になった子は、ひどく疎外感を受けます。

こうした「愛情の奪い合い」問題はなかなか深刻です。それが原因で非行に走る子もいます。そういう子どもに話を聞くと、「自分は家の中で居場所がない」とこぼします。気性がしっかりしている子ほど、疎外感を味わったときの反発も強くなります。するとますます親の心が離れて、きょうだいに愛情が移るという悪循環に陥《おちい》るようです。

公平に接しているつもりでも「○○ちゃんばかり！」と、どちらからも文句を言われるこの問題、どうすればよいのでしょうか？　ＮＨＫ教育テレビ（現在の「Ｅテレ」）を見ていたとき、たまたま出会った言葉で私はひざを打ちました。「公平な偏愛」という言葉です。

ＮＨＫの連続テレビ小説「カーネーション」（２０１１年度下半期放送）のモデルとなったファッションデザイナーの「コシノ三姉妹」が、ＮＨＫの番組で、母親のことを語り合っていた内容が印象的でした。母親は子どもたちに習い事をさせることで少しでも長く仕事したいという、徹底した仕事好きだったそうです。しかし、子どもと向き合うときはすべてを忘れて目の前の子に意識を集中させていたといいます。自分だけを見つめてくれている。それをどの子も感じることができたから、誰もえこひいきされているとは感じず、愛情不足とも思わなかったそうです。

「公平な偏愛」とは、まさにこうした接し方です。**時間は短くても、子どもと向き合うときは目の前の子に全意識を集中させる。そのときは家事のことも、他のきょうだいのことも忘れる。**そして話を聞いたり、話をしたり。時折ぎゅっと抱きしめたり。そんな時間を持てたとき、子どもは「お母さんはきちんと僕（私）のことを見てくれている」と感じることができます。

これが次のようだと違ってきます。子どもの話を聞きながら赤ちゃんのことを気にかけたり、夕飯の献立のことを考えていたり。すると、子どもは敏感に「僕（私）以外のことを考えている」と察知し、「僕（私）のことを見てくれていない」と不満に思います。短くてよいから、「目の前の子に全力投球」を、どの子にも公平に機会を設《もう》ける。それが「公平な偏愛」です。

毎日でなくても、機会があるときだけでも結構です。しかし**確実に「いま、私はあなたのことしか見ていない」という時間を、わずか1分でもいいから持つこと**。それだけで子どもの精神は安定します。子どもだってお母さんが忙しいのはわかっています。赤ちゃんは世話がかかるのも仕方ない、とわかっています。

しかし、子どもは「お母さんは僕（私）のこと、どうでもよくなっちゃったのかな……」という不安に、時々襲われます。そんなとき、お母さんが他のことは全部忘れて、自分だけを見つめてくれる。すると、その子は「ああ、僕（私）を見てくれた」と心の底から感じることができます。それを感じる時間さえ確保できれば、他の時間は「仕方ない、お母さんだって忙しいんだ」と思いやることができるようになります。

こうした「偏愛」の時間をどの子にも振り分けること。時間の長短は問題ではありません。その子が寂しくてたまらないとき、「あなただけを見ている」時間を短くてもよいので、提供してあげてください。

もし可能なら、お父さんや友人、ご近所の協力を得たりして、**子どもと二人きりで散**

歩に出かけ、「二人だけの内緒ね」と、一緒にソフトクリームを食べたり。そんな二人きりの秘密、特別な時間が持てると、子どもはその思い出を宝物のように大切にします。できればそんな思い出を、どの子にも与えてください。

「目の前の子に全力投球」する「偏愛」を、どの子にも「公平」に与える。時間の長短ではなく「自分だけが疎外されている」とどの子どもにも感じさせずに済む、とても有効な方法です。きょうだいがいる子には、ぜひやってあげてください。

POINT 7

その子のことだけを考える時間や、二人だけの秘密をつくってみましょう。きょうだい全員に、公平に偏愛することが大切です。

Q8 「なんで、できないの!?」と思わず子どもに怒ってしまいます。

A 1日に5分間だけ、自分だけのティータイムを確保してみては?

「どうして泣きやまないの？　ミルクも飲まないし、オムツでもないし、鼻づまりでもないし」

「どうして寝てくれないの？　私、もう、何日もまともに寝ていない。どうすればいいの？　私が悪いっていうの？」

　母親がそう思いつめているとき、あなたの赤ちゃんは、きっとこう思っています。

「違うよ、お母さん。お母さんを困らせたいわけじゃないんだ。お母さんが泣くと僕（私）

もとてもつらい。何がつらいのか伝えられたらいいけど、泣くしか方法がない僕（私）らには、他にどうしようもない。でも僕（私）が泣くと、お母さん、つらそう……」

赤ちゃんは「泣くのが仕事」といいます。泣いてばかりの赤ちゃんに戸惑ってばかりの新米ママの心を軽くする、すばらしい言葉です。何か不快なことがあると泣く。それだけなのであって、決してお母さんを責めたいのではありません。

しかし、年下の子どもの子守をする機会が多かった人口ボーナスの時代と違って、子どもと接する機会が少なくなった現代のママは、赤ちゃんの泣き声が「もっと、ちゃんと母親業をやってよ！」と責めているように聞こえることがあるようです。

特に疲れがひどくなると、そうした心理に陥りやすくなります。3時間おきの授乳、極端な睡眠不足、少し離れると泣きわめく赤ちゃん、始終子どもをあやすうちに滞《とどこお》る家事……。「家事も育児も完璧にこなす母親」像を思い描いていたのに、そのギャップに苦しみ、自分で自分を責めがちになります。そんなときに聞く赤ちゃんの泣き声は、「お前なんかが母親になってよかったのか？」と責められているように聞こえてしまうようです。

この状態になってしまうと、つい大声で叱ったり。そして、自分でもそのことに気づき、自己嫌悪に陥ったり。

この悪循環から抜け出すには、「なんとしても」育児を楽しめる心の余裕、余白を確保することが大切です。自分に強制的に、意識的に休憩を取るのです。もちろん、「そんなの無理！」「それができないから、困っているの！」というのが大半のママの意見だと思います。しかし、だまされたと思って、一つ、今日から試してみてください。

まずは、赤ちゃんの安全を確保し（これは大前提）、その上で、お茶なりコーヒーなり好きなものを飲みながら、5分間ほどくつろいでください。

その間、赤ちゃんが泣くかもしれませんが、その**5分間は、赤ちゃんに我慢してもらいます。「泣くのが仕事！　お勤めご苦労様です！」と軽口を叩くくらいの気持ちで、決めた時間通り休んでください**（もちろん、赤ちゃんの状態に異変があれば放置してはいけません）。

決めた5分が終わって、小さなリフレッシュをしたら、「お待たせしました！」と赤ちゃんを抱きしめましょう。

最初は気になって仕方ないでしょうが、赤ちゃんが泣くのは元気な証拠。安全を確保し、異変があればいつでも対応できるように、すぐ近くにいるのですから、大丈夫。この5分はあなたのためだけでなく、子どもに笑顔で接するための大切な時間です。

家事についても、「今日は、あれとこれは諦めよう」で結構。幼くて聞き分けがない子どものやることを、笑って受けとめられる余裕、余白を確保することのほうが、家事を完璧にこなすよりも大切だからです。私の母は、新米ママたちが集う育児サークルを長年運営していました。私の母が言うに、「もっと甘えていいと思うのに、ものすごく頑張り屋さんのお母さんが多い。しんどいときはしんどいとSOSを出したらいい」。その通りだと思います。

「ぎゃー！　おなかがすいた！　眠い！　のどが渇《かわ》いた！　オムツが気持ち悪い！　怖い夢を見た！」。どれだけ泣き叫んでも、お母さんが、お父さんが、笑って「よしよし、どうした？」と落ち着いて解決してくれる。いつも僕のことを、私のことを気遣ってくれる。その絶対的な信頼が、自己肯定感を育みます。

「どうして、泣きやまないの？」と言いたくなったら、まずは5分間、自分だけのティータイムをつくってみてください。頑張りすぎないで。無理をしないで。

POINT 8

1日1回、赤ちゃんの安全を確かめた上で、
5分間だけ、赤ちゃんには
自分で「お仕事」をしてもらって、
自分だけの時間を確保してみてください。

Q9 親として、何かが足りていないような気がします。

A 子どもに足りない部分を埋めてもらいましょう。

私は、親という存在を「与える」ばかりと考えないほうがよいと考えています。むしろ逆に子どもから「与えてもらう」ことを考えてみてください。

ＮＨＫの番組「あさイチ」（２０１２年7月25日放送）で紹介された、奈良佐保短期大学の山口直範《やまぐちただのり》准教授（現・大阪国際大学准教授）によるおもしろい実験があります。

横断歩道でろくに周囲も見ずに飛び出そうとする子どもたち。親が注意を払うように強く言っても聞こうとしなかったのに、目隠しをしたお母さんの手を引いて横断歩道を渡るように伝えると、子どもは非常に慎重に左右を確認し、手を上げ、母親の手を引いて安全に横断歩道を渡ったのです。母親が「横断歩道を渡るときは左右を見るのよ！　ほら、クルマが近づいているでしょ！　危ない！」と何度も叱った落ち着きのないはずの子が、「守るべきものがある」と突然しっかりしかりします。自分の五感、知識を総動員して。

子どもに何かを与えようとするより、あえて親自らに「欠如」を用意し、それを子どもに埋めてもらうことを意識してみてください。炊事・洗濯・掃除、すべて子どものためと思って「与える」ばかりだと、かえってその面の能力が育ちません。それよりは「お風呂にお湯を張るの、お願いできるかな？　手が回らなくて困ってるの」と頼み、それをやってくれたら「ありがとう！　助かっちゃった！」と喜んでください。

子どもは頼りにされるのが大好きです。自分が役に立っている、という達成感がとても強いから、積極性が育まれます。その積極性が、学習にも生かされます。

「勉強以外のことは、すべてお母さんがやってあげる。あなたは勉強だけやればいいのよ」というやり方は、かえって子どもを追いつめます。勉強だけして、もし、そこで成果を出せなければ「僕（私）は要らない子になるの？」と不安にもなります。

「あなたがいつも手伝ってくれるから、助かる」と言ってくれれば、子どもは貢献感を得ることができ、もっと喜ばせようと能動的になります。学校の成績を上げて喜ばせようというのも、「どうせなら」と、ついでの手段として積極的に取り組むようになります。

もしあなたが、親としてあれが足りない、これが足りないのではないか、と不安な気持ちでいるのなら、発想を切り替えてください。この子の力で、その不足分を埋めてもらおう、と。「お母さん（お父さん）はこの部分をあなたに与えてやることができない。申し訳ないけれど、その部分はあなた自身の力でなんとか補ってほしい」と言えば、大概の子どもは使命感を感じ、しっかりします。**子どもはミッション（使命感）が大好きなのです。**

POINT 9

親は、できないことや「抜け」があるぐらいが、ちょうどいい。子どもは、頼りにされることが大好き。たくさん頼って、「ありがとう」と伝えれば、積極性や意欲も伸びていきます。

Q10 父親が子どもを叱ったとき、母親はどういう態度を取ればいいでしょうか。

A 一方が叱ったときは、もう一方はなだめる役になりましょう。

両親のうち、一方が子どもを叱る場合は、もう一方がなだめる役になってください。これは、子どもが叱られたことを比較的素直に受けとめることができるようにし、なおかつ機嫌を直すのが早くなるコツの一つです。

交通のパトロールをしている警察官の方々は大概、恐くて注意ばかりする人と優しくなだめる人とがペアを組んでいます。これは、交通ルールをしっかり叩《たた》き込む役割と、気持ちをなだめて話を聞く気にさせる役割とに分担し合っているのだそうです。なかなかの経験知です（苦笑）。

一概には言えませんが、男の子は父親が、女の子は母親が叱る役を務《つと》めたほうがうまくいくことが多いです。同性の親はだましにくい、と子どもも感じるからのようです。

一方の親が子どもに何か注意をしたら、もう一方が泣いている子をなだめます。

「お父さん（お母さん）が叱ったのは、君のことが心配だから言ったんだよ。だって、あのままだったら、君が痛い思いをするからね。それ、いやじゃん。だから注意したんだよ。……そうか、それをしたかったのか。そうだよね、やってみたかったよね。でも、お父さん（お母さん）が注意したのも、いまならわかるでしょ？　うん、よし、お父さん（お母さん）に内緒で、ゼリー食べる？」

全員が総攻撃で「そうだ、お前が悪い」と注意したら、子どもは逃げ道を失い、自分を全否定されたような気分になります。それでは意固地になっても仕方ないし、反抗的になるおそれもあります。

子どもの自然な感情を否定せず、受けとめた上で、「ただ、次からはこうしたほうがお母さん（お父さん）はいいと思うよ」と話せば、比較的注意を聞き入れやすくなります。

その際の一つのコツとして、部屋を変えて話をすると効果的です。同じ部屋は「叱られた」ときの空気が残っていて、子どもは気分を変えるのが難しくなります。**場所が変わると気分が変わり、さっき叱られたことを「出来事」として冷静に受けとめられるようになります。**なだめる場合は、別室に場所を移すことをおすすめします。

また、なだめ役は、親以外の別の大人でもかまいません。

私のところに相談に来た親子は、父親の叱り方の度がすぎていて、子どもが不満に思っているようでした。私はその子に次のように話してみました。

「**君は叱られた理由はわかっているんだよね。ただ、あまりに激しく叱られることに不満があるんだね。**君も中学生になって、もうそんなにも叱らなくてわかるんだということを、おじさんからもお父さんに言ってあげよう。でもお父さんだって、君にそれはダメだよ！ということを伝えなきゃと思って叱ったんだということは理解してあげてよ。もちろんやりすぎだったかもしれない。それはおじさんがお父さんにきちんとお願いする。君もこれから大人になるのだから、叱られる前に修正するように心がけるんだよ。どうだい、できるかな？」

その子の不満を受けとめた上で、これからどうすべきか提案すると、大概の子ど

もは素直にうなずいてくれます。それまでのことものみ込み、これからのことを考えられるようになります。第三者の言葉というのは、不思議とよく聞くものです。ただし、それは、子どもの気持ちをよく酌んだ上の言葉であることが大前提です。

自分が叱り役のとき、誰か子どもをなだめてくれる人を一人確保してください。当たり前ですが、生まれて初めて親になったので、なかなか上手に親として振る舞えません。その点をうまくフォローしてくれる第三者がいると、ずいぶんと助かります。

POINT 10

なだめ役の登場で子どもの「逃げ道」を残してあげてください。
感情を受けとめて、「今度から」の提案をすると、子どもは素直に聞きます。

Q11 子どもの短所ばかりが目につきます。

A それは、短所じゃなくて「特徴」ですよ。

「うちの子、本当に頑固で、叱っても言うことを全然聞かないんです」

「この子は小さい頃から積極性がなくて、いろいろすすめても全然やろうとしないんです」

子どもによって、お母さんの考える「うちの子の問題」はさまざま。

親子で面談すると、ほとんどの場合、お母さんの愚痴をひとしきり聞くことになります。

そのお母さんの横で子どもは、「また言っている……」と苦虫をかみつぶしたような顔。

たとえば、前者のような「苦情」の場合、私は次のように話します。

一通りお母さんからの話を聞いた後、「君、いまのお母さんの話によると、ずいぶんしっかりした気性のようやな。それって大事やぞ。たとえば大好きな女の子と一緒にいて、悪い連中に囲まれたとしたら、君、どうする？」と問いかけてみます。

するとと子どもは「え？」という顔をして、私の目をじっと見返します。

「ともかく女の子を逃がして、自分はたこ殴りにされても守らなあかんやろ。頑固やっていうのは、こうと決めたら逃げない、ってことができるってことや。君はまだ中学1年やから力もない。問題が起きたとき、どうしたらいいという判断もまだ瞬時にはできない。こういうのは鍛えなあかん。体も鍛えなあかんし、勉強もせなあかん。大人になるってのは、そういうことや。どうや、できるか？」

こう言うと、気性のしっかりした子は目の奥に火がついたようになって、真剣な面持ちでしっかりうなずいてくれます。

すると、我が子の悪態をさんざんついていたはずのお母さんが「実はこの子、頑固な反面、こういった面もあって……」と、その子の見せた驚きの勇気、エピソードを聞かせてくれます。

私は「へえ！」「ほう！」「そりゃすごいなあ！　君！　やるやん！」と声をかけると、自分のよい面を認めてもらえて、なんだかうれしそう。

「お母さん、お子さんはすばらしい長所をお持ちですね。**長所と短所は大概、表と裏の関係になっています。欠点に見えることは、大概長所でもあるんです。長所を伸ばしましょう。すると、自然に欠点は隠れます。この子の特徴が、欠点ではなく長所になっていきます。**お母さんはこの子の長所を伸ばすのを、手助けしてやっていただけませんか？」

そう言うと、ほとんどのお母さんが「うちの子、欠点ばかりに見えていたけど、言われてみたら長所だという見方もできるんですね……」と、驚いたような顔をする。

おとなしい子はおとなしい子で、「君はじっくり考えて行動したいタイプみたいやね。それはね、大事なことだよ。人間、納得してから動くと、気持ちが中途半端じゃないから、やり遂《と》げられることが多い。物事をよく観察して、深く深く考えるのは、君の長所だ。それをどんどん伸ばしていけばいいよ」と話して聞かせると、ずっと下を向いていた子が、少し顔を上げて、うん、とうなずいてくれたりします。

こういう場合も、お母さんが「そういえば……」と、欠点だと思っていた側面が、長所として現れたエピソードを話して聞かせてくれたりします。お母さんというのは、我が子のことを実によく観察しています。

子どもの長所を見つける非常に簡単な方法があります。

自分がよくダメ出ししていることを裏返して考えてみましょう。

頑固なのは気性がしっかりしている証拠だし、おとなしい子は自分の納得感を大切にしている証拠だし、落ち着きのない子は好奇心が強いからだし、ボーッとしている子は突発的なことが起きても動じにくい。それを短所として矯正するよりは、長所としてとことん伸ばしたほうがよいのです。

カナヅチに「木も切れないのか」と言っても、ノコギリに「クギも打てないのか」と言っても仕方ありません。しかし見方を変えれば、木を切れない短所はクギを打てる長所であり、クギを打てない短所は木を切れる長所です。

どの子にも、個性、特徴があります。その特徴を欠点とみなし、つぶしてしまうと、長所まで失われます。そして〈特徴のない人間〉になります。自分の特徴を出せば出すほどたしなめられるので、思う通りに振る舞えなくなり、気力を押し殺すようになってしまうからです。

我が子の特徴をどう伸ばせばよいか。欠点ばかり問題視するのではなく、それを長所として「活かす」方向に目を向けてみてください。親が備え持っている観察眼があれば、子どもの長所を活かすことができる場面を次々に見つけ出せるようになるはずです。それを粘り強く続ければ、自然に短所は長所の後ろに隠れるようになります。

POINT 11

短所は必ずその子の長所の裏返しです。
それを繰り返し伝えれば、
子どもは自分の長所を伸ばそうとします。

Q12 そうは言っても、短所を「裏から」見られません。

A 「ねばならない思考」に陥っていませんか。第三者の目も借りてみましょう。

Q11でもお伝えしたように、子育ては短所ばかり見つめてもうまくいきません。その子の長所を活かすしかありません。そうすれば、自然に短所は隠れていくと私は考えています。

しかし子どもに期待するあまり、「このレベルに達していなければならない」という「ねばならない」思考に私たちは陥りがちです。「ねばならない」から見ると、子どもの未熟なところばかり目につきます。

私は小学5年生の頃、クラスにまったくなじめませんでした。同級生と協調しようとしない様子に担任の先生もいら立ち、ののしることもありました。そんな様子を見かねて、父が初めて先生との面談に赴《おもむ》きました。

「うちの子の長所をつぶさないでください」

父の言った言葉に、最初、先生は面食らったそうです。

「『孤独に強い』という特徴は、うちの子の長所です。世の中にはたった一人でしなければならない仕事がたくさんあります。大きなビルやダムを、夜、たった一人で見回らなければなりません。協調性のある子どもたちばかりになったら、こうした仕事をしてくれる人がいなくなり、世の中が回らなくなります」

欠点だとばかり思っていた特徴が長所だと言われて、意外に思った先生は、指導に困っていた他の子についても父に相談し、10分程度のはずの面談が1時間以上にもなりました。

その翌日から、先生の私への接し方が変わりました。以前は無理にでもみんなに協調させようとし、それに私が反発するということを繰り返していたのですが、私の気持ちを酌んでくれるようになって、素直に従いやすくなりました。すると不思議なことに、私もクラスのみんなとなじめるようになったのです。

「ねばならない」思考にとらわれると、私たちは、要求レベルに達しない点を「欠点」「短所」と感じるようになります。そして、その**「欠点」「短所」を埋めようと親は頑張ってしまうのですが、そうすればそうするほど子どもは反発し、拒否します。そんなときは自分が「ねばならない」思考にとらわれていないか、そのために、子どものの特徴を「短所」と見ているのではないか、という点を振り返る必要があります。**

養老孟司《ようろうたけし》さんの著書、『バカの壁』（新潮新書）によると、私たちには「バカの壁」があります。見たいものしか見えず、聞きたいことしか聞こえなくなるのが人間です。「ねばならない」思考を持ってしまうと、この「バカの壁」が高く分厚くなってしまいます。

でも、「バカの壁」を破る方法が一つあります。「たくさんの目」を活かすことです。

インドで昔から伝わる、こんなエピソードがあります。

目の見えない人たちにゾウを触らせたところ、一人はしっぽを握って「呼び鈴の紐《ひも》」、別の人は足を触って「柱」、耳は「カーテン」、鼻は「大きなラッパ」、胴体は「壁」、上に乗った人は「山」と言い、意見が合わず、もめ始めました。

しかし一人が「いや、待て。みんな、同じものを触っているんだろ?」と声をかけました。するとみんなの意見が「一部分」から推定したものであることに思いいたり、「もしかして、これがうわさに聞くゾウじゃないか?」と突きとめられた、という話です。

同じものを見ていても、他の人からは見え方が違うことがよくあります。他の人に悩みを相談してみると、別の視点を提供してくれることが、皆さんのご経験にもあるでしょう。

子どもには「特徴」はあっても「短所」はありません。短所は長所を裏側から見ただけのことです。しかしそれに気づくには、自分一人だけでは難しいこともあります。**他の人に相談したり、いろんな人の話を聞いたり、本を読んだりして、「別のものの見方」を取り入れてみてください。**「ねばならない思考」がほぐれて、子どもを別の視点から眺めることができるようになると思います。

POINT 12

「ねばならない思考」にとらわれると、子どもの長所や特徴が見えなくなります。いろいろな視点を取り入れて、子どもを多面的に眺めてください。

Q13 子どもが夢をかなえるために、どう導けばいいですか？

A 子どものペースに任せ、自分から動いたことにプラスのリアクションをしましょう。

子育てのあり方を植物の育て方にたとえると、二通りあるように感じます。一つは「助長」、もう一つは「朝顔の支柱」です。

助長とは、次のようなお話です。隣の畑より育ちの悪い苗を見て、伸びるのを手伝ってやろうと自分の畑の苗を上に引っ張りました。すると翌日には、根が切れてみんな枯れてしまいました。

「朝顔の支柱」は、これとは対照的に、朝顔の芽のそばに棒を一本立てるだけ。あとは朝顔が自力で棒に巻きつき、上へ上へと伸び、花を咲かせます。

植物を育てるのが上手な人は、植物自身の「育つ力」を信じています。そしてその特徴と育つ過程をよく観察し、植物の力だけでは補えないところだけ、そっと手助けします。それが「朝顔の支柱」です。支柱がなければ朝顔は地面でとぐろを巻き、雨にぬれて腐ってしまうかもしれません。だから支柱を立てることは必要ですが、植物の力を信じるから、支柱に無理に巻きつけようとはしません。すると、朝顔は最適な巻きつき方を自分で見つけます。

これに対し、「助長」をした人は、植物自身の育つ力を信じていません。だから苗を引っ張り、根を切ってしまったのです。これと同じことが、子育てでも起き得ます。「助長」に相当する子育てでの行為、それは「先回り」です。


下の子の面倒見の良い中学生の女の子が、ある日「保育士になりたい」と夢を語りました。それを聞いてお母さんは張り切り、その夢をかなえるのに必要な進路を全部調べ上げ、望ましい大学、それに必要な偏差値、そこに進学できそうな高校、そこに入学するのに必要な成績、そして、いつまでにどのくらいの成績になればよいのかを全部計算しました。

最初のうちはお母さんと一緒に熱心に勉強していたのですが、だんだんとやる気を失う娘。

「あなたが言い出したことでしょ！　私がこんなに準備してあげたのに！」と怒るお母さん。

ますますやる気を失う女の子。ついには、保育士になる夢も口にしなくなりました。なぜ女の子はやる気をなくしてしまったのでしょう？「先回り」されたからです。お母さんに先回りされると、何か一つ達成しても「それを企画したお母さん」の手柄になってしまう気がしておもしろくないし、なんだか命じられて勉強している感じになってしまうのです。

まるで、映画を見ている横から「次のシーンで主人公は、こんなことをするんだよ」と説明されたり、推理小説を読んでいるときに「そのトリックをタネ明かしするとね」と説明されたりした気分です。**先回りは、自分で何かを成し遂げた、という楽しみを奪ってしまう行為です。**その結果、「意欲」という名の根を切ってしまうのです。

普段の学習でも同じです。「僕（私）、こうしようと思うんだ」という話を聞いたら、「だったら、こうするともっといいよ」と先走りして教えてあげたい気持ちをグッとこらえ、「そうなの。応援してるよ。どうだったか感想を教えてね」と、本人のペースに任せてください。

子どもの成長に、先回りする必要はありません。子どもが「いま」、自分で成長するその姿に驚き、喜んでください。「数学のこの問題、苦手だったのによく克服したね」「英語のここの部分、前はできないって言ってたけれど、よくできるようになったね。頑張っていたもんね。でもあまり無理しないでね」と、子どもを静かに見守り、その成長に驚き、喜べば、子どもは勝手に意欲を高め、成長を続けます。

では「意欲」を増進するのに、具体的にどうやって接すればいいのでしょうか？　第二部では、このことについて考えていきます。

POINT 13

親は先回りせず、朝顔に支柱をそっと添えるような見守り方を。

第　二　部

意欲はどう育てる？

第3章

ほめる・叱る・そそのかす・楽しむ

Q14 ほめすぎると、つけ上がりませんか？

A ほめるのではなく驚き、おもしろがりましょう。

承認欲求というのは、子どもからお年寄りまで、とても根強い感情のようです。子どもは「ねえねえ！　見て見て！　すごいでしょ！」とほめてもらいたがるし、定年退職した方も「俺は大企業に勤めていた」と自慢したり。

「子どもはほめて育てよう」と言われるのは、この承認欲求を満たしてあげることでモチベーションを上げようということなのでしょう。そこで「すごいね！」「えらいね！」「最初からこんなに上手にできるなんて、まずないよ！」などとほめてみると、残念なことに「つけ上がる」ことがあります。

つけ上がるとどれだけほめても動かず、努力もしません。「だって僕（私）、才能あるもん。本気を出せばすごいから、大丈夫」と言って先に進まなくなります。ほめすぎたせいで、子どもが「ほめられ狎《な》れ」したからです。

「親は簡単にほめてくれる」となると、子どもに「狎れ」が起きます。子どもがそうなる原因は、一つ。「結果」をほめるからです。

「こんな結果、成果を出してすごいね」というほめ方は、子どもから努力する意欲を奪います。というのも、**よい結果や成果は、運の助けがないと得られないことを子どもも知っている**からです。

たとえば１００点が取れたときでも、実はどちらが正解かわからなかった問題があったり、たまたま得意な問題ばかりだったりしたのかもしれません。体調の良し悪しも結果を左右します。

それなのに結果ばかりほめられると、「次のテストが苦手な問題だらけでひどい点数だったら、ほめてくれなくなるのかな。冷たい態度になるのかな」と不安が重しに。

そんな不安と向き合うくらいなら、「努力を放棄する」ことを選びます。１００点を取ったいまなら「ほら、僕（私）はすごいでしょ。本気を出せばすごいんだ。いざとなったらやるけど、いまは頑張らない」という便利な論理にしがみつけるので、勝負から逃げるのが得策です。

これは、過去の栄光という硬い「外骨格」で柔らかくて傷つきやすいナイーブな内面を守ろうとしているだけ。だから、外見上は強がって見えますが、内心は不安でいっぱいです。これが「ほめられ狎れ」している子の内面です。

実は、結果ばかりほめることは「結果を出せ！ 出さないとほめないぞ！」という、暗黙のメッセージを伝えていることになります。しかし本来は、結果いかんにかかわらず、工夫し、努力を重ね、苦労をいとわない子どもに育てることが大切です。それが、結果を呼びよせるでしょう。


では、どのようにほめればよいのでしょうか。

重要なのは、ほめる「場所」です。結果ではなく、工夫・努力・苦労をほめてください。ただ、「ほめる」という言葉を使うと、どうしても結果に目が行きがちになるので、私は工夫・努力・苦労に「驚き、おもしろがる」という表現を使っています。

たとえば100点を取ったとき。「100点取ったの！ すごいね！」と、結果だけをほめると、それは言外に「次が98点だったら、もうすごくないね」と伝えたことになります。しかし、まずは、「へえ、100点！」という結果に一応の驚きを見せてもよいでしょう。

肝心なのはその後。テスト問題を丁寧に眺め**「これ、ずいぶん難しそうだね。いつ解けるようになったの？」と、事前の努力に気がついたことを言外に伝えます。**解答用紙に何度も消しゴムで消した様子が見えたら**「いろんな角度から考えたんだね」と、内面で苦闘した様子を感じ取り、そこを驚いたり、おもしろがったりします。**

すると、「うん、その問題を解くのに、こんな工夫したんだ」とか、「その問題、どうすればいいのかあせっちゃって」というように心の中で起きたこと、つまり工夫、努力、苦労を語ってくれます。親が、そうした内面の葛藤に気づいてくれると、子どもは「わかってくれた」と感じ、「実はね」と打ち明け話をしてくれたりします。そうした話をおもしろがって聞いてください。

これは、大人も同じです。画家は「この絵、100万円ってすごいね」と、値段という「結果」をほめられてもうれしくないですが、「この鳥、雄々しく見えるのはなぜですか？」と聞けば、「よくぞ聞いてくれました」とばかりに、重ねた工夫、努力した時間、実現するまでの苦労を話してくれるでしょう。その工夫にたどり着くまで、内面でどんな葛藤があったかをわかってくれたとうれしくなるからです。

親が、心のうちに重ねてきた工夫、努力、苦労に気づいてくれ、それに驚き、おもしろがってくれると、子どもは「これからも工夫を重ね、努力し、苦労をいとわ

ないようにしよう」と思うようになります。

工夫することのおもしろさを知ると、努力を自然に重ねるようになり、さらには苦労をいとわないように育ちます。そうなれば勝手にどんどん成長します。持てる能力を最大限に引き出し、結果も自然についてきます。

成長し続ける子ども、努力をやめない子どもに育ってほしいなら、まずは親が結果にこだわらないことが大切。結果はその子の「外側」で起きたことにすぎないのですから。

POINT 14

結果（外側）に注目せず、
工夫・努力・苦労に驚き、おもしろがる。
すると、子どもの意欲も能力も
自然と伸びていきます。

Q15 ごほうびで子どものやる気を引き出すのはどうですか？

A 目的がすり替わってしまうので、おすすめしません。

最近話題の教育学者、中室牧子《なかむろまきこ》氏によると、上手に「ごほうび」を設計すれば勉強するように「釣る」ことができるといいます。しかし、私にはその設計が難しく思われます。

スティーブン・レヴィット氏という経済学者が、娘のトイレトレーニングで「トイレでおしっこしたらお菓子をあげる」とごほうびで釣ることにしました。すると、娘さんはすぐにトイレでできるようになりました。ところがその後、おしっこを小出しにするという新技を開発、お菓子を大量にせしめるようになりました（スティーブン・レヴィット、スティーブン・ダブナー著、桜井祐子訳『0ベース思考――どんな難問もシンプルに解決できる』ダイヤモンド社）。

私もごほうびで生徒たちの成績を上げようとしたことがあります。最初はうまくいくのですが、子どもたちは同じごほうびに飽きてしまい、条件をつり上げようとするのでキリがなくなりました。「無理！」と答えると、子どもたちはボイコット（勉強しない）する始末でした。ごほうびはよほどうまく設計しないと、欲望を膨《ふく》らませ、収拾《しゅうしゅう》がつかなくなります。

学ぶことが目的でなくなり、ごほうびをせしめるのが目的になるためです。

山本周五郎《やまもとしゅうごろう》氏の自伝的作品『青べか物語』（新潮文庫）に次のような話があります。周五郎氏は子どもたちが捕《と》ったフナを「売ってくれないか」と頼みました。すると子どもたちは毎日フナを周五郎氏の家へ売りに来ます。しかも交渉上手になり、高く売りつけ始めたので、周五郎氏にはだんだん子どもたちが悪魔のように思えてきました。

そして、周五郎氏はついに決心して「もう要《い》らない」と宣言。戸惑い、沈黙する子どもたち。一人が「このフナ、先生にあげようか」と口にしたとたん、みな晴れやかな顔になり、「それはいい、先生にあげよう」と言って本当にフナをただで置いていきました。

周五郎氏は反省しました。子どもたちの欲望をかき立てたのは自分であって、子どもはフナを捕るのが楽しかっただけ。最初から「ちょうだい」と頼めばよかったんだ、と。

ごほうびの怖さはここです。目的がすり替わってしまうのです。

トイレでおしっこすること、学んで何かができるようになることは、それ自体が子どもにとって「できない」が「できる」に変わる楽しいこと、誇らしいことです。しかしごほうびが出ると、トイレの成功や良い成績を取ることは「ノルマ」に変わります。学習が、ごほうびをせしめるための「道具」に成り果てるのです。

しかも、人間は「飽きる」生き物です。大好きなおやつにも飽きます。同じ金額のお小遣いも物足りなく感じます。もっと強い「麻薬」を求めるようになります。

人間は「飽きる」生き物ですから、どれだけ取り組んでも飽きずに楽しめるほうがよいでしょう。

ごほうびを上手に使うのは、非常に高度な技です。私自身はできそうにもないので、残念ながら、ごほうびはおすすめすることができません。

もっと簡単に、子どもが飽きずに楽しみながら、自発的に学ぶ方法は、学ぶことそのものを楽しむことです。フナが売れなくてもフナを捕ること自体が楽しいように、お菓子をせしめなくてもトイレが上手にできることがうれしいように、わからなかった問題が解けるようになると「やった！」となるように、「できない」を「できる」に、「知らない」を「知る」に変えること自体を楽しむことです。

自分が何事かをなしとげたという感覚を「自己効用感」というそうです。実はこの感覚こそ、子どもの成長を自発的に、連続的に促し、ますますできることを増やしたくなる大切な「ごほうび」といえます。

具体的にどのようにすればよいかは、Q14を参考にしてください。

POINT 15

ごほうびをあげると、学びがごほうびをもらうためのノルマになってしまいます。達成する過程そのものを楽しめれば、ごほうびなどなくても、子どもは飽きずに学びます。

Q16

叱ってもまったく聞きません。

A 「したこと」を叱るのではなく、「しなかった」をほめてみてください。

私の息子は、3歳の「イヤイヤ期」に、アンガー（怒り）コントロールが全然できませんでした。気に入らないことがあると、ずっとむくれていました。幼稚園でもその調子で、先生やお友達にご迷惑をおかけしていたようです。先生によると、幼稚園でも叱れば叱るほどひどくなるらしく、お手上げ状態でした。

そこで私の嫁さんが、対応を工夫しました。**息子がたまたま怒らなかったときにほめたのです。**

「いま怒らなかったね。エライ！」

この日から、息子はキレなくなりました。一日に何度もキレていた、あの息子が！

私たち夫婦は、「キレる」というネガティブな現象ばかり見て、どうやめさせるかばかり考えていました。諭したり、怒鳴ったり、なだめすかしたり。しかし、どれもうまくいきませんでした。

ところが、**「怒らなかった」をほめたところ、息子は「怒らずに済ませたほうが楽しい」と気づいたようです。**そして、キレるスイッチを入れずに別の方法を探すようになりました。

もう一つ、エピソードをご紹介しましょう。娘が0歳で離乳食を始めたばかりの頃、食べるのに飽きるとゴジラと化してテーブルに上陸、あらゆるものをなぎ倒しました。「ダメー！」と叫んでも無駄。ところが**たまたま席に戻ったとき「お座りできたね、エライ！」と、みんなで拍手。するとうれしそうに行儀よく座るようになりました。**

娘の場合も「ゴジラ化」という問題行動ばかりに目を奪われていました。しかし「イスに座る」という「何もしない」状態をほめ、積極的に評価したら、娘は意識的に座るようになりました。息子への言葉掛けも、この一件を応用したものです。

問題行動を改めさせようとする場合は、その行動を叱ってやめさせようとしがちです。しかし、その方法は、むしろこじれることのほうが多くなります。特にイヤイヤ期など感情が波立つときは本人も気持ちを抑えられません。

視点を変えて**「できて当たり前とみなしがちな行為、しかし現状できていない行為」が偶然できているときにほめてみましょう。**子どもはたまたま無意識にそうしただけですが、「何でもないこと」に親が喜ぶのを見ると、無意識だった行為に積極的な意味が加わり、「そうしたい、そうでありたい」と願うようになります。

その後、息子はキレなくなるどころか、妹におもちゃを壊されても「新しい遊び方がこれでできるよ」と、別の楽しみ方を見つけるようになったので、私は思わず舌を巻きました。

意識というのは、問題と感じたものに観察力を集中させます。いろんな発見を可能にする優れた性質ではあるものの、気をつけないと「アラ探し」になります。ですから子どもは「僕（私）は普段よい子なのに、なんでキライな状態の僕（私）ばかり注目するの？」と、とても寂しい気分になります。だからこそ反抗的になります。

しかし息子の場合は、「怒らなかった」という**「不作為（何もしない）」状態を意識的に注目し、それを評価したことで、「怒っているときの僕ではなく、普段の僕を見てくれた」と感じたのでしょう。**

子どもだって怒る自分を好きではありません。自分でも好きになれない瞬間を注目されるのではなく、**自分が好きになれる自分に注目し、それを評価してくれると、子どもは自然に大好きな状態を維持しようとします。**嫌いな自分でいる時間をなるべく短くしようとします。

「した」よりも「しなかった」を見てあげてください。

POINT 16

問題行動だけに目が行くのは人間の「意識」のクセ。「した」を注意するのではなく、問題行動以外の子どもの様子を注意深く観察してみてください。

Q17 子どもに響く叱り方ってありますか？

A 叱ってほしいときに叱ると有効です。

「子どもは厳しく育てたほうがいいのだ」という意見は大変根強いですが、親自身が「厳しくするのは何のためか」を考えていないと、子どもにとって、有害になることがあります。

私が相談に乗ったある子どもは、父親から非常に厳しく叱られていました。その厳しさは度をすぎていて、日本刀を抜いて子どもを追いかける場面もあったほどでした。

しかし、その父親と面談すると、「実は」と打ち明けられました。そのお父さんは早くに父親を亡くし、父親とはどうあるべきかさっぱりわからず、「子どもを厳しくしつけるのが父親」というイメージに従った、と。「実は、自分でもこのやり方が正しいのかわからない

んです」と悩んでもいました。

恐怖すれば子どもは確かに言うことを聞きます。しかし、叱られる理由が納得いかなければ「とりあえずその場をやり過ごす」ためにおとなしくしているだけです。それでは、親を恨みに思うだけで教育効果はあるとは言えません。

してはいけないことを「ダメなものはダメ」ときっぱり伝えることは大切です。子どもが食い下がることさえできないほど、この線から向こうには行かせません、と。でも、その境界線を示すのに、厳しく叱る必要はありません。

ただ、意外に思われるかもしれませんが、子どもには「叱ってほしい」というときもあります。大人のあなたにも身に覚えがあると思います。

あるとき、私が電車に乗ったら、大またを開いて座っている男子高校生がいたので、「その長い足を閉じなさい。もう一人座れるだろ」と言うと、彼はすぐに座り直しました。隣に別の人が座るのを見届けて「ありがとう」と伝え、私はつり革を持って本を読み続けました。

目的地の駅で下車すると、先ほどの高校生が追いかけてきて「さっきはありがとうございました」と頭を下げ、階段を上っていきました。

この高校生は実は、足を広げて座ることに罪悪感があったのでしょう。でも友達の手前、妙な意地が働いて、態度を改めるきっかけを失っていたのだと思います。その証拠に、ふてぶてしさが見えなかったのです。私に叱られたことで救われた思いをしたのかもしれません。「もうこれで、『前に叱られたことがあるからやらない』と友達に言える」と。**「もうこんなことはやめにしたい」「誰かに叱ってほしい、とめてほしい」という思いがあるとき、叱ってあげると子どもはホッとします。**

「叱る」というのは、子ども自身が改めるきっかけを失っているときにとても有効です。叱られたことで一応の「処罰」を受け、一気に方向転換することができるのがうれしいのです。

心の整理がつけやすくするための「叱る」はとても有効です。

気をつけたいのは、「お前は悪いヤツだ」と決めつけるような上から目線の叱り方です。それでは反発されて当たり前。そうではなく、**「君はそれに気がついているだろう、でもそれを改めるきっかけを見失っているんだろう」ということが伝わる言い方をすると、子どもは「助かった」と思うものです。**子どもはやってはいけない行為をしているとき、どこかで苦しむ自分がいます。心の中で「誰か助けて、僕（私）をとめて」という悲鳴を上げていることもあります。

最初は反発で始めたことが、「挙げた拳《こぶし》の落としどころ」を見失い、ダラダラ続けてしまうことは、大人になってもよくあることです。**叱らずに落としどころを伝えられるなら叱る必要はないし、自責の念に苦しんでいる様子が見えたら叱ってあげたほうが子どもは心が落ち着くでしょう。**

叱るという行為は、子どもを罰する行為というより、子どもを苦しみから救済する手段として捉えたほうがよいのかもしれません。

もう一つ。奮起を促す叱り方があります。これは、元BMW東京の代表取締役社長だった林文子《はやしふみこ》氏（現・横浜市長）の指導法を紹介するのがわかりやすいでしょう。林さんは部下を叱るとき、**「あなたはこんなものではないはずよ！　それが惜しい、悔しい」**と伝えたそうです。

「叱る」という行為はしばしば、「お前はダメなヤツだ」というレッテル貼りの言葉になりがちですが、林さんの叱り方だと**「あなたはこんなところでとどまっている人ではないはずだ」と「信頼」を伝えることができます。**こんなふうに言われたら、自分のことをこんなに真剣に信じてくれる人がいるのに、私は何をやっているんだろう？という気持ちになるのではないでしょうか。

「叱る」というのはダメ出しするための行為ではなく、相手の救済だったり、勇気を取り戻してもらうための行為だったりするのだと考えてみてください。

POINT 17

子どもが叱ってほしいときは、「やっちゃいけない」と本人がわかってやっているとき。

Q18 「しっかりしなさい」と言ってもふにゃふにゃしています。

A そそのかしてみましょう。

毎日新聞の朝刊に連載されていた漫画家・西原理恵子《さいばらりえこ》さんの『毎日かあさん』に、「麦ちゃんファイブ」という5人兄弟が登場します。

お母さんの麦ちゃんと息子5人で出かけた帰り道、子どもたちが「疲れた」「もう歩けない」と言い出しました。普通ならここでパニックです。5人も担げるはずありません。どうする、麦ちゃん！

「そうかあ、歩けないかあ。じゃあ、走ろうか」

家まで競争だ！　5人の子どもが一斉に走り出しました。

男の子は、「そそのかす」と驚くべき馬力を示す「バカ力」があります。

私にも、次のような経験があります。

近所の子どもたちを父と私で奈良の大峰山に二泊三日の登山に連れて行ったときのことです。一人の男の子が2日目に捻挫《ねんざ》をしてしまいました。私はとっさに「この子の荷物、どうしよう？　みんなで分担するか？　この子の下山はどうやって？」とめまぐるしく考えました。

すると私の父が後ろから「はっはっは！　捻挫？　マーヌーケ！　はっはっは！」と大笑い。

その子は「歩く！」と言い出しました。荷物も「持てる！」と言って聞きません。結局、最後まで歩き切りました。

下山してようやく、父はその子にねぎらいの言葉をかけました。「よく頑張ったな。どこで音を上げるかと思ったのに」。するとその子は「おっちゃんが笑うから、むっちゃ腹立ったんやんか！」と笑いました。

実はその子はいじめられっ子でした。気が弱くて、いじめられてもエへへ……と笑うだけで、いじめがエスカレートする悪循環。その子も変身願望があったのでしょう。

その子はその後、随所で「意地」を見せるようになりました。高校進学は無理と言われた成績でしたが、これまた父が「お前が合格したら丸刈りになる」と挑発。するとその子は猛勉強、見事合格しました。父の頭が丸刈りになったのは言うまでもありません。

特に男の子は、「つらいこと」に視線がフォーカスしてしまうと弱くなります。女の子は「周囲の目」と「今後のこと」が気になる性質が強く、さまざまなことを考慮して行動できますが、**男の子は周囲がどう思おうが、今後困ったことになろうが、ヤケになるとどうにも動かなくなります。**

麦ちゃんファイブのお母さんが「ヘトヘトの状態で一番にゴールするって、スゴくない？」と伝えるシーンで、子どもたちは「それ、おもしろそう」と視点が変わりました。そうなると、俄然《がぜん》男の子は燃えます。

知人の息子が我が家に遊びに来たとき、こんなことを言いました。
「同級生はみんな塾に行っている。僕が勉強できないのは仕方ないよ」
私は、その子に言うでもなく、嫁さんに向かって次のように話しかけました。
「でも、塾に行かずに勉強できるのって、一番かっこいいよねー」

その子はエッと驚き、目がキラーンと光ったのを、私は見逃しませんでした。

男の子は、「他のみんなとは一味違う、おもしろいことができるんだ」と思うと挑戦したくなります。「挑戦しがいがある課題」が大好きなのです。

学習意欲というのは、そんなちょっとしたきっかけで生まれることが多いものです。意欲をかき立てるきっかけがあれば、子どもはどうにかしてそれを達成しようとします。

「お父さんは中学生の頃、1時間も勉強机に座ってられなかったなあ」と聞くと、子どもは「じゃあ僕は1時間座って勉強してやろう」と挑戦心を燃やします。命じられたらやりませんが、挑戦する課題だとやってみたくなるのです。

子どもが本当に勉強し始めたら、父親が「おい、無理するな。お父さんだってできなかったんだから」と、とめに入ると、子どもはアマノジャクな気持ちがますます強まり、なんとしても1時間勉強し続けてやろう、と挑戦します。

子どもは、特に男の子はアマノジャクです。**アマノジャクな心をうまく刺激するのも、男の子のやる気を引き出すおもしろい方法です。**

ただし、捻挫している子をそのまま歩かせていいかどうかは、怪我《けが》の程度を的確に診《み》て、判断する必要があることを、ここで断っておきます。子どもの精神を鍛えるためだという理由で、怪我を悪化させるのは、大人として責任放棄なので絶対にやめてください。

「ライオンは我が子を谷に突き落とす」という無茶な言い回しが昔ありましたが、もちろんライオンはそんなことはしません。子どもに与える課題は、もう少し背伸びしたら「できない」が「できる」に変わりそう、というレベルに設定すべきです。這《は》い上がれない谷に落としてはいけません。

POINT 18

つらい部分に意識をフォーカスさせず、挑戦しがいのある課題を提案する工夫をしてみてください。

Q19 勉強ができる子でも気をつけることはありますか？

A 「感動」のみずみずしさを大切に。

私と同級生だったその子は小学校でダントツの1番でした。テストは常に100点。頭の出来が違うのかなあ、と思っていました。ところが中学に入ると一切勉強しなくなり、学校に来なくなりました。

皆さんも「成績が良かったあの子がなぜ？」という事例をご存知ではないでしょうか。

勉強ができる子に対しては、親は安心してしまいがち。しかし、**成績の良い子は「感動」を失いやすいことに注意が必要です。**

成績がだんだんと上がっていく過程は楽しいのですが、100点を取るのが当たり前になると、感動は失われます。初めて100点を取ったときのように親も喜んでくれません。100点が日常になるからです。

そのわりに、100点を取るための勉強は重労働。一度、1番になったら2番になるのは嫌だからしばらく頑張りますが、「2番になりたくないから勉強する」というのは喜びがありません。なんだか後ろ向きの動機になってしまうのです。

そうなると学ぶことがおもしろくなくなります。親は100点でも驚かず、自分でも大してうれしくない。それなのに、かなりの努力が必要なので、疲れてきます。

冒頭の子どものように、中学生になると環境が変わり、第二次性徴期に入ることもあってそれまでの心理的疲労が一気に表に出ることがあります。そして、すっかり勉強が嫌になるのでしょう。

こういうとき、親が陥《おちい》りがちなのが、「あなたはやればできる。なのに、どうしちゃったの？」「なんで急に勉強しなくなったのかわからない」という戸惑いを子どもにぶつけることです。さらに、「2番だったあの子が1番よ」と悔しがらせようとしたり、「あなたはやればできる子」と励ましてなんとか意欲を取り戻してもらおうとします。しかし、こういった対応は、どれもこれも空振りに終わるのが常です。

なぜでしょう？　学ぶこと自体を楽しむのを忘れていたからです。学ぶことではなく「結果」を楽しむようになっていたからです。

Q14でも述べたように、100点を取ること、成績で1番になること、これらは「結果」です。「結果」は一度経験してしまうとどうしても「二番煎《せん》じ」になります。初めてのときと比べれば新鮮味に欠けます。

オリンピック選手がメダルを取ったとたんモチベーションを失い、「燃え尽き症候群」に苦しむことがあります。これと同じことが成績の良い子にも起きます。結果が出てしまうと感動が失われ、努力する気が起きなくなるのです。

ただし、好成績を挙げてもモチベーションを維持する方法が一つあります。

それは、学ぶことそのものを楽しむことです。

100点を取ったり、成績が1番になったりということは、親としてはうれしいものです。でも、そこはサラリと簡単に済ませましょう。Q14でも述べたように、それよりも「これはどうやって解くの？　え！　そんなふうに？　難しいことしているんだねえ」「よく思いつくねそんなこと」というように、**子どもが、どんなふうに取り組んでいるのかに興味を示すことが大事です。**子どもが「できない」を「できる」に変えるための工夫、努力、苦労に驚き、おもしろがりましょう。

子どもがまだ赤ん坊だった頃、試行錯誤しては立つようになり、さらに歩くようになったとき、「よくもまあ、それだけ転んで痛い目に遭っているのに、歩くのをやめないんだねえ」と不思議に思った記憶があるでしょう。

親が不思議そうにしたり、驚いている顔を、子どもはよく見ています。そしてお母さんを、お父さんをもっと驚かせてやろうと、さらに熱心に工夫し、努力します。周囲を「ビックリさせてやりたい」という気持ちは、いくつになってもあるものです。

そして、もう一つ。勉強できる子は「過剰適応」していることがあります。教科書や参考書の「文字情報」を効率よく理解・暗記するのがうますぎて、感動のない「ノルマ」になっています。新しい発見もなく、工夫の余地もないから、ちっともおもしろくありません。

そんなときは「現実」に体当たりすると、学ぶことのみずみずしさを取り戻せます。

たとえば木の棒をノコギリで20センチちょうどに寸分たがわず切れるか、子どもにさせてみてください。

豚バラ肉を0・1グラムの狂いもなしに100グラムぴったり量れるか試してください。

木の棒をライターであぶってもなかなか火がつかないことを体感させてください。

教科書には簡単に「20センチ」「100グラム」「燃焼」と書かれているけれど、「現実」にはもっと豊かな情報が詰《つ》まっていることに気がつきます。教科書は情報をそぎ落としたものなのだとわかると、自分の周りの「世界」にあるもの、起こることの不思議さ、神秘さに興味が湧き、刺激を感じるようになるでしょう。そのような感性をもう一度取り戻すと、「学ぶ」ことの楽しさを思い出すことができます。

POINT 19

「勉強できる子」には、
見失いがちな感動をふたたび！
子どもが「勉強」に取り組む過程に親が心を向ける。
そして、机上ではなく「現実」を体感させましょう。

第4章

やる気を損なう注意点

Q20 宿題のことを聞くと「いま、やろうと思っていたのに！」と言い返してきます。放っておいたらやらないくせに！

A 子どもが自発的に動く二つの「仕掛け」をつくってみましょう。

「宿題は？」「明日の準備はしたの？」「前もってやっておかなきゃダメでしょ！」お母さんの先回りした言葉に、子どもは「いま、やろうと思っていたのに！　やる気なくした！」。するとお母さんも言い返します。「お母さんが言わなきゃ、あなた、ちっともしないでしょ！」。

多くの家庭では、段取《だんど》り力はお母さんが一番です。家事と育児、さらに仕事を両立させたりしているうちに、段取りをいつも考えるようになったからでしょうか。

しかし子どもが大きくなると、そのスキルが今度は「前もって思考」として強く働きすぎて、子どもの先回りをしてしまうことがあります。「前もって思考」が発動すると、子どもは自分で考え、動く機会を奪われます。せっかく宿題をしても「お母さんに言われたからやった」、明日の準備をしても「お母さんが言ったから準備した」となり、手柄はみんなお母さんになってしまうのです。「母親である私のおかげであなたはきちんとできるのよ」と言われたように感じるわけです。

しかし、子どもは自分の成長の証しがほしいのです。そのチャンスを取り上げられたくないから、反発します。

この悪循環を防ぐには、子どもが自発的に、能動的に動くようになる「仕掛け」をつくるのがおすすめです。お母さんならではの優れた先回り力を活かして、見事な「仕掛け」を用意してみてください。

ここでは、取り組みやすい二つの「仕掛け」を紹介します。

①「たまたま」の利用

子どもがたまたま自分から宿題を始めたら、それをきちんと評価してください。

「あら、自分からやるなんて珍しい」と皮肉を言いたくなるのは、ガマンガマン。

宿題を始めるのが夜遅いと、つい親としては「もう寝る時間でしょ！　なんでもっと早くにやっておかないの！」と叱りたくなります。でも、それでは眠くても宿題をやらなくちゃ、と気持ちを奮い起こした子どものやる気をくじいてしまいます。

それよりは**「いまからやるの？　あんまり無理しないでね」と声をかけます。「もっとこうすればいいのに」と、もっとよい方法と「比較」するのではなく、いま、子どもが逃げずに宿題をやろうとしたことを評価します。**そして、宿題をやり遂げたら「お疲れさま。よく頑張ったね。でも睡眠時間が短くなると、体を壊しちゃうよ。無理しないでね」と気遣えば、宿題から逃げなかった自負心、それをいたわってくれる優しさに、子どもはうれしくなります。次からは自主的に早めに始めるようになります。

②予告

「いまやれ」「すぐやれ」は、子どもの都合を考えないというメッセージとして伝わります。子どもは、都合を親に全部決められた、主体性を奪われた、と感じ、やる気を失います。

「7時になったら、お母さん（お父さん）と一緒に宿題しようか」と、早めに（たとえばこの場合は6時ごろまでに）提案してみてください。**「一緒にやろう」と予告するのがコツです。時間が来るまでに気持ちを切り替える準備が整います。**

ただし予告の仕方も、「この番組が終わったら宿題しなさいよ」という言い方だと、いかにも親に決められたという感じがしておもしろくありません。

一緒にやろうという「提案」は、しなさいよという「命令」とはニュアンスが違うことを子どもは敏感に察知します。同じ内容でも言い方が違うと受けとめ方が全然違います。何を言うか（What to say）ではなく、どう言うか（How to say）がとても大切です。子どもの自主性、能動性を損なうようなものの言い方には注意が必要です。

「一緒に」というのは、Q28で述べるように、意外と有効です。「一緒に」だと、なぜか子どもは逃げません。「やっておきなさいよ」だと、宿題をしている間、「お母さんは子どもに無関心になります」と宣言したように伝わります。しかし「一緒に」だと、子どもと同じ時間、空間を共有するというメッセージになります。小学校中学年までは、同じ時間、空間の共有をとてもうれしく思うもののようです。高学年以降は反発しますけれど、それでも「逃げられない」という気分にはなるようです。

子どもを先回り発言で自在にコントロールしようとしても、無理です。子どもは、やる気がしないことにはとことん抵抗します。

特に男の子は、命令されて動くことを極端に嫌う傾向があります。一番上が男の子の場合は、そのことで叱られっぱなしなので余計にへそを曲げます。
下の子らは、お兄ちゃんのそうした「失敗事例」を見て学習しているので、叱られる前にうまくやることが多いようです。一番上の男の子はきちんとできる下の子と対比されて、ますます宿題をしなくなる悪循環になるケースを時折見かけます。

子どもを動かしたいなら、「言葉」で動かそうとしないこと。「意欲」で動かすこと。どう言われたら意欲を失うか、どう接したら意欲が生まれるかをよく見極め、言葉かけと接し方を工夫しましょう。意欲を高め、能動性を引き出すのに、魔法の言葉はありません。言葉で伝わるのは全体の7％でしかない、とアルバート・メラビアンという心理学者が指摘したそうですが、**言葉よりも親が自分をどう思っているか、その態度、その姿勢が子どもに伝わります。**

日常の中で、「親は僕（私）が主体的に能動的に動くことをとても頼もしく思ってくれている」と信じられると、意欲は増進します。

「立ち向かう心」（主体性、能動性）に水遣りをしてください。最初、その芽は情けないほど小さいかもしれませんが、優しくこまめに水を遣って、地道に育んであげてください。やがて大きく育ち、水遣りをしなくても自然の雨水だけですくすく育つようになります。

苗がしっかりするまで水遣りするのと同じように、能動性、主体性もじっくり慎重に育てれば、あとは自立するようになります。

POINT 20

「たまたま」を評価する。
やるべきことは「予告」し「提案」する。
親に言われたからでなく、
「自分でやった」と感じられるように。

Q21 実社会は常に競争。子どものうちから競争させて、上昇志向を育てたいです。

A 多くの場合、比較は意欲を損ないます。その子のペースで進むのが最速です。

近ごろは「競争原理」がもてはやされ、子どもも競わせて学習意欲を高めようという考え方が強まっているようです。しかし私は子ども同士を比較することに否定的です。比較すると、優秀な子どもは傲慢《ごうまん》になり、そうでもない子は意欲を失ってしまうからです。比較されると奮起する性格の子もまれにいます。バカにされるのが大嫌いで自信にあふれ、負けん気がとても強い子です。もし自分が低く見られたら、なんとしてもその評価をひっくり返そうとします。こういうタイプの子は比較するのもアリかもしれません。

ただし、こうした子はあまりいません。そもそも、成績や運動で圧倒的な能力を備えていることが、比較されてもくじけない前提条件になるからです。つまり、比較されても優位を失う心配がない子は、当然ながらトップクラスに限られています。しかし、そうであっても、比較という方法は長続きしません。どこかで息切れしてしまいます。「上には上がいる」からです。

全国トップクラスの子なら「比較」されても頑張り続けるかもしれませんが、我が子が全国指折りの能力である確率は、そう高くないでしょう。ならば、あまり使える方法ではありません。

結局、「比較してやる気を引き出す」という方法は、ほとんどの子どもにとって前向きで楽しい動機にはなりません。比較は精神エネルギーを消耗してしまいます。

繰り返しになりますが、私は、**親の赤ん坊への接し方が子どもの意欲を引き出す最高の形**だと考えています。乳幼児は、他の子と能力を比較されているとは感じず、ただ無心におもしろいことを探してハイハイしたり、立ったり、歩いたりします。言葉もどんどん覚えます。大変な意欲で知識も技術も学びます。

この時期、「ほら、Aちゃんはもう歩いてるよ！　しっかり歩きなさい！」と、せかす親はいません。内心、我が子は発育が遅いかも……と不安はあっても、子どもに「急げ！　歩け！」とは言わないはずです。どうせ言ってもわからないですから。その子の速度で、技術や言葉を習得するのを見守り、一つ一つ喜んでいたはずです。

それでいいと私は思います。**意欲を持って取り組むなら、その子の習得速度は最速になります。**大人から見たら非効率的なことばかりしているように見え、いら立つかもしれません。しかし、そういった**「余計なこと」も「学び」なのです**（Q４参照）。

こうした能動的で楽しい学びは、比較からは生まれません。むしろ比較すると損なわれます。オリンピック選手も「負けたらどうしよう」と他者との比較、結果ばかり気になると、競技を楽しめなくなり、続けることさえできなくなります。思い切って競技をやめてみると、純粋にその競技を楽しんだ頃を思い出し、気力を取り戻すと聞きます。多くのオリンピック選手が一時期、「楽しむ」という言葉をよく使っていましたが、まさに楽しむことこそ、能力開発を促す最大のアクセルです。

子どもが自分でライバルを想定し、その子に負けたくない、と闘争心を持つのは悪くありません。そういう場合は大概、「あともう少し背伸びすれば勝てるかも」という、身の丈に合ったライバルをうまく見つけてきます。しかし、他人が子どもを比較してくる場合は意欲を損《そこ》なう結果に陥りがちです。

我が子のほうが優れている「比較」でも、「もっと優れた子が登場したら、自分は低く見られるのだな」ということは、子どもも容易に予想できます。我が子のほうが劣る「比較」でも、「どうせ僕（私）はダメですよ」とひねくれます。**他人（親を含む）が比較することは、モチベーションを高めることにつながりません。**

勝ち負けにこだわるよりは、学ぶことそのもの、「できない」を「できる」に変える作業そのものを楽しめる状態に持っていきたいものです。

POINT 21

「負けたらどうしよう」というところに意識を引っ張られすぎると、学びが苦行になります。前向きに学ぶことを楽しめれば、最初の歩みは遅くとも、どんどんペースは上がっていきます。

Q22 小学校3年生になって、すっかり勉強嫌いになりました。

A 減点方式をやめて加点方式にしてみては？

小学校の入学シーズン。新1年生たちの初々しい姿がテレビに映ります。「いちねんせいになったら、べんきょうをがんばりたいです!」

この光景は、何十年も前から繰り返されています。そして悲しいかな、大半がその後、勉強嫌いになります。小学校入学前に勉強嫌いの子はまずいません（勉強を強いられる毎日でない限り）。子どもは学ぶことが大好きです。

息子は3歳のとき、「学」を「たのしむ」と読みました。楽しそうに踊りながら。息子は「まなぶ」という読み方を知っていたので、なぜ「たのしむ」と読むのか聞いてみたら、「学ぶことは楽しいから」と。そう、幼い子にとって、学ぶことは楽しくてたまりません。

実際、小学校入学前の子どもは学ぶ意欲が旺盛です。立てなかったのに立ち、歩けなかったのが歩き、話せなかったのがどんどん話し出す。仮面ライダーシリーズの名前を全部記憶して、「うちの子、天才じゃないか⁉」と思った方も多いでしょう。

それがなぜか、小学生になると勉強嫌いになります。1年生のときはさほどではありません。2年生になると少数、勉強嫌いがボチボチ出てきます。3年生になるとハッキリ勉強嫌いが現れ、中学生になると半分以上が勉強嫌いになります。


なぜ、勉強嫌いになるのでしょう？　比較されるからです。

小学校入学前は、あまり比較されることがありません。点数もつけられず、「お前、あれできてないだろ」と欠点を指摘されることもありません。変に劣等感を持つこともなく、単純に「できない」を一つ一つ「できる」に変えていくことが楽しくてなりません。

ところが、小学生になると「○○がまだできていない」と言われるようになり、早くできるようになれ、とせかされます。親も「○○ちゃんはもうできるのに」とよその子と比較します。

小学校以前、「できない」はいずれ「できる」に変わる楽しいこと、ワクワクすることでした。小学校入学後は、「できなきゃいけないウンザリすること」に変化します。

小学校以前は「できる」が増えていく「加点方式」なのに対し、小学校に入学して以降は「できて当たり前」とされる100点から「できない」が何点あるのかアラ探しする「減点方式」で評価されます。

お母さんは、小学校入学前は「これができるようになったの！　すごいねえ！」と喜んでくれたのに、入学後はテストの答案を見て「まだこれができないの？」と、できないこと探しを始め、笑ってくれなくなります。できないところばかり注目されると子どもはひどく惨《みじ》めな気分になり、親が自分に対してため息をつく勉強というものが嫌いになります。この状態になると、親と子のやり取りは、勉強をめぐって険悪になります。そうなると、子どもの学ぶ意欲はひどく損なわれます。ゲームやテレビなど勉強以外のことに逃避します。その様子が親からすればこれまた腹立たしい。悪循環もいいところです。

こうして、勉強嫌いは小学校から始まります。

この**悪循環に陥らないためには、小学校に入る前の「加点方式」の対応を、ずっと続けていくことが大切です**。それは、視点を変えるだけなので、何も難しいことではありません。

加点方式の対応とは、Q14で示したように、子どもの工夫、努力、苦労に驚き、おもしろがることです。小学校に入ったからといって、対応を変える必要はありません。

POINT 22

「まだ、できないの？」は今日から封印！
できるようになったことを
一緒に喜ぶだけでOKです。

Q23 子育て本をたくさん読みましたが、あまり効果がありません。

A 子育て本は「目の付けどころ」を知るツールです。使い方を変えてみましょう。

子育て本を書きながら「子育てマニュアルには害がある」なんて、天にツバするようなことを言うのはおかしいかもしれません。しかし私自身、さまざまな子育て本、教育書をそのまま実践して、効果どころか、良くない結果になったことがあります。

実は、優れた子育て本、教育書には、同じようなことが書かれています。マニュアルより、子どもをよく見なさい、と。

とはいえ私も長いこと、「よく見る」とはいったいどうすればよいのか、サッパリわかりませんでした。「マニュアルにとらわれず、子どもを見る」とはどういうことなのか。それを考えるために、ちょっと変わったエピソードを紹介します。

福永光司《ふくながみつじ》氏という老荘思想の大家が小学生だった頃、母親から「あの境内《けいだい》の曲がりくねった木、まっすぐ見るにはどうしたらいい？」とクイズを出されました。福永少年、木をいろんな角度から眺めましたが、どう見ても曲がりくねっています。木を切って整形すればまっすぐに、なんて答えで満足する母親でもないし……。ずっと考え続けましたが、とうとう降参。すると母親の回答は、このようなものでした。

「そのまま眺めればいいい」（福永光司『荘子』中公新書）

福永氏のお母さんが伝えたかったのは、次のようなことだったと私は解釈しています。

私たちは「まっすぐ」という言葉を聞くと、「まっすぐ」という物差しを心の中に用意します。その物差しを基準にすると、「木は曲がっている」としか思えません。そこで思考はストップします。

ところが「まっすぐ」という物差しを脇に置き、その木を興味深く眺めてみたら、あ、いいにおい。あそこにコケが生えてるな。根が大地に食い込んで、力強いな。枝は何百年もの風雪に耐えてきたんだな。木漏れ日がきれいだ。葉が風でこすれ合う音がする。その木が持つさまざまな特徴、魅力に気づきます。「まっすぐ」という価値基準に心が占められると気づかなかった情報が、五感を通じて飛び込んできます。

つまり、お母さんが言いたかった「まっすぐ見る」とは、「素直に眺めてごらん」ということだったのでしょう。

子育ての失敗の多くは、これと同じ原因です。「まっすぐ」という色眼鏡で子どもを見ると、曲がっているようにしか見えません。そしてまっすぐになるよう、矯正しようとします。すると「角《つの》を矯《た》めて牛を殺す（曲がった牛の角をまっすぐに矯正しようとして死なせてしまうということから、小さな欠点を直そうとして、かえって全体をダメにしてしまうこと）」という言葉のように、自主的に学ぶ「意欲」を殺してしまいます。

子育て本や教育書を参考にするのはよいのですが、子どもに押し当てる「物差し」にするなら、むしろ弊害になります。子どもはこうあるべき、子育てはこうあるべきという「物差し」を心の中に抱いてしまうと、子どもは「曲がっている」ようにしか見えません。子どもが発する信号が聞こえなくなり、目に入らなくなります。

子育て本、教育書を読むことでその目が曇り、情報が受け取れなくなるのなら逆効果です。

では、どうやって子どもから発せられる信号、情報を読み取り、受け取ればよいのでしょうか。実は、そのために子育て本、教育書を読むのです。**「どこを観察するか」という「目の付けどころ」を知るためです。**

私たちは「目の付けどころ」を教えてもらわないと、気づきさえしないことが多いです。たとえば乳幼児がグズるとき。おなかが減ったの？　おむつ？　まさか熱？　どこか痛い？と、子育て初心者はわからなくて不安になります。でも、子どもは眠いとよくグズる、と聞いていていると、「眠いだけかも」と、ちょっと冷静になれます。熱はなくて手足の先がポカポカ温かいと、「あ、眠いんだ」とアタリがつくし、だったら早く寝つけるように対処すればよいとわかります。

子育て本や教育書は、こうした「目の付けどころ」を教えてくれます。目の前の子どものどこを観察すればよいのか、気づくきっかけが得られるでしょう。

子育てとは関係ありませんが、私は「トマトは常に同じ向きに花をつける」と教えられて、衝撃を受けました。畑の通路側に花が向くように苗を植えれば、その上の花も同じ向きに咲き、トマトの収穫も楽になります。自分ひとりでこの「目の付けどころ」に気づこうと思ったら、何年かかるでしょう。生涯気づかなかったかもしれません。

子育て本や教育書は、「目の付けどころ」を教えてもらう参考書と割り切るなら、読めば読むほど、たくさんの「気づき」が得られます。でも決して、子育て本や教育書を正解と考え、金《きん》科玉条《かぎょくじょう》（絶対的なよりどころとして守るべき規則）のように捉え、それらのマニュアルに当てはまらない我が子を「曲がっている」として無理に矯正しようとしてはいけません。

何より大事なのは、我が子なのですから。

POINT 23

子育て本をうのみにすると子どもが見えなくなります。子どもをどう見たら良いのかを知る参考書だと考えてください。

Q 24

覚えればいいだけのことを、理屈をこねてやろうとしません。

A

子どもには「なぜ？」さんと「役立つ？」さんがいます。タイプに合わせて接してあげてください。

子どもの「理解の仕方」は、大きく二つに分かれます。「なぜかがわからないと先に進めない子」（以下「なぜ？」さん）と「役立つことがわからないと先に進めない子」（以下「役立つ？」さん）です。 理解（納得）の仕方が全然違うので、対応を誤ると、学習が全然進まなくなります。

たとえば方程式。xに数字を代入したらyが求まるので便利だと聞いても、「なぜ？」さんの場合、「なぜxに数字を入れたらyの数字が自動的に出てくるのか」と不思議に思います。この疑問を解き明かさないと、次に進めません。そういう子どもには、理屈やメカニズムを丁寧に説明すると、納得します。一度納得すれば忘れないし、どんどん応用します。「役立つ？」さんの場合、理屈やメカニズムを説明しても頭に入りません。「で、何の役に立つっていうの？」を聞かないことには納得できません。こういう子どもには、理屈よりもどんなに便利な道具かを説明するとすんなり納得します。

中学校の数学の成績が非常に悪い子どもが二人いました。一人は普通高校に、一人は工業高校に進学。普通高校に進学した子は「なんでサインコサインなんか覚えなあかんのじゃー」と文句ばかり。数学の成績はめちゃくちゃなまま。

ところが工業高校に進んだ子は、ほぼ100点。数学は大の得意科目に。なぜ？

「ドリルで穴をあけるのに右何センチ、奥何センチ動かすのは、座標と同じ。歯車の円運動が直線運動に変わるのを計算するには円周率が役立つ。ものづくりに役立つとわかったら、数学がおもしろくなった」とその子は話してくれました。

この二人はどちらも、「役立つ？」さんでした。普通高校は理屈ばかりで、何の役に立つのかは全然教えてくれません。工業高校は実践的で、数学が何の技術に直結し、役立つのかを実感できるので、納得が得られ、やる気も出たようです。

「なぜ？」さんには、理屈やメカニズムを丁寧に教える方法が適しています。「役立つ？」さんには、理屈やメカニズムは後回し、何の役に立つのかを先に説明したほうが、習得が早くなります。

教え方が逆だと「わからない」「納得いかない」「やる気が出ない」ということに。

「なぜ？」さんは、メカニズムさえきちんと理解すれば、自分で工夫して使い道を創造する能力にたけています。

「役立つ？」さんは、役に立つことさえわかれば、教えられなくてもメカニズムを推定する能力に優れています。

「なぜ？」さんは、使い方や役立て方を他人から教えられるのが嫌いです。「そんなのは自分で考えるから、理屈のほうを教えてくれ」というタイプ。

「役立つ？」さんは、理屈やメカニズムを他人から教えられるのが嫌い。「そんなのは自分で考えるから、まずは役立て方を教えてくれ」というタイプ。

他人から教えてほしいことと、教えてもらいたくないことが、ちょうど正反対です。そして厄介なことに、自分とは違うタイプの人間を理解しづらいので、子どもに教える教師や親が子どもとタイプが違うと「これだけ理屈を説明しているのに、なんでわからないんだ。理解力がないからに違いない」と思ったり、「こんなに役に立つツールなのに、なんで丸暗記しないんだ。不器用なやつだ」と決めつけたりしてしまいがちです。

どちらも誤解です。どちらのタイプであるかを見極め、適切な対応をすれば、説明もしないのにメカニズムを正しく推定することに驚かされたり、「不器用なやつだ」と思っていたら、新しい使い方を提案する創造力に驚かされたりします。

親あるいは指導する立場の人は、まず、自分がどちらのタイプか自己診断してください。その上で、子どもが自分とは異なるタイプかどうか、見極めるといいですよ。

POINT 24

理解の仕方によって、教え方は正反対。タイプに合った教え方を選べば、理解は急速に進みます。

Q25 子どもは一人ひとり違うと言われます。子育てに役立つ、共通の特徴はないのでしょうか。

A 「子どもの三類型」を知っておくと、対応がしやすくなります。

子育ての「マニュアル」をつくるのが難しいのは、子どもの個性は実にさまざまで、同じ対応でも結果が異なるからです。Q36、37でお伝えする「観察」をすることで、個性に応じた対応はできるようになります。ただ、もう少し目安もほしいですよね。そこで、私が子どもの個性を考える上でよく利用する三つのタイプ**「子どもの三類型」**をご紹介します。

その三つとは、**「意欲型」「放散型」「萎縮型」**。人間は、この三つのタイプを角とする三角形の枠内のどこかに収まると考えています。

〈タイプ別の特徴〉

①意欲型

外交的なタイプ。何事にも積極的で、果敢に挑《いど》む。よくしゃべるので友人も多い。やや多動の傾向があり、落ち着きがなく、場合によっては「暑苦しい」タイプとして敬遠されることも。

②放散型

心ここにあらずで、ボケーッとしていることがあり、頻繁に想像の世界に遊びに行くタイプ。このタイプは目の前のことに集中せず、よそごとばかり考えているのでよく叱られる。そのためか、良くも悪くも叱られ慣れしていることが多く、叱られても頭をかいて笑っている余裕があったりする。叱られても懲《こ》りるということがあまりなく、繰り返し同じ失敗をする傾向がある。ただ、どちらかというと陽気（暢気《のんき》）なところがある。

③萎縮型

放散型が比較的陽気なのに対し、こちらは陰気になりやすい。叱られると貝が殻を閉ざすように心を閉ざすので、コミュニケーションが取りづらくなる。引っ込み思案。こうしたタイプの子は、叱るのではなく、「温める」ことが大切。大丈夫だよ、怖くないよ、ということを繰り返し伝えて、心を開くのをじっと待つ必要がある。

大概の人は、これら三つのタイプの特徴を単独で示すのではなく、幾分かずつ併《あわ》せ持ちます。これら三つのタイプのいずれかの成分が多かったり少なかったり、ということになります。

それでは、意欲を高めるための方法をタイプ別に見ていきましょう。

〈意欲を高める方法〉

①意欲型

競争させたり挑発したりすると燃える。「負けるもんか」「バカにするな」と意地になって頑張る傾向がある。背伸びして自分を大きく見せようとするので、意地っ張りな面をうまく利用して成長を促すことができる。たとえば、**「なんだ、もう疲れたのか？」**と挑発すると意地になって頑張る。**「普通の人間は3日もすれば嫌になるが、1カ月も続けたら奇跡的だな」**と聞こえるように言うと、「ようし、俺はその奇跡を実現してやろうじゃないか」と燃える。

しかし放散型と萎縮型では同じ方法が取れません。

②放散型

ボーッとしていることが多く、競争していることさえ気づかないまま負けた経験を多く持つ。だから**競争に苦手意識を持っていることが多い**。挑発すると「どうせ僕（私）はトロいですよ」と、勝負から逃げ出す傾向がある。放散型は**「楽しい」が大好き**。「できない」が「できる」に変わる体験が連続すると、楽しくなってそれにのめり込むようになる。そのためには「できる」「できる」の連鎖が望ましい。レベルに合わない難しい問題を与えて「できない」と、とたんに想像の世界に遊びに行ってしまう。**少し背伸びすれば「できる」に変わる体験を積み上げ、着実に実力を育む方法が適当**。

③萎縮型

人の目が非常に気になるタイプ。**競争すると人目にさらされるので、嫌がる**。挑発してやる気を出させようとしても、「やる気」を人に見せたくないので、うまくいかない。「萎縮型」は「僕（私）のことを待っていてくれる」のをとても喜ぶ。「さあ急げ！」と手を引っ張られたり、背中を押されたりするのがとても苦手。せかされると足がすくみ、その場に座り込む。「萎縮型」の子の場合は、引っ張りも押しもせず、横に並んで「君のペースで歩めばいい。とまってもいい。君のそばにいるよ」と見守ること。その子が着実に「できる」レベルから積み上げるのは放散型と一緒だが、**「できなかったらどうしよう」と萎縮しがちなのを、「大丈夫だよ。落ち着くまで待ってるから。落ち着いたら、よく見てごらん」と言って、見守る**。一つやり遂げたら、「よく頑張ったね。自分のペースでいいから、一つ一つ進めばいいんだよ」と、**せかさずに本人のペースを尊重する**。「萎縮型」は「放散型」と違って集中力はある。せかさず、自分のペースで進めるのを認めてくれる、見守ってくれる人がそばにいると、意欲が湧き、「萎縮型」は前に進める。

「叱る」のは、「放散型」は耐性があるほうですが、「萎縮型」や「意欲型」ではろくな結果になりません。

〈叱るときの注意点〉

①意欲型

「そんなこと言われなくてもわかってるよ！」と、腹を立てることが多い。やるなと言われたことをあえてやる。いわゆる「不良」になる子にはこのタイプが多く、聡明で察しがいいだけに、大人の上から目線の言葉に腹を立てる。このタイプは、叱って言うことを聞かせようとするより**「お前なら言わなくてもわかっているだろうが」と、気づいていないかもと思えることだけ伝え、「あとは自分で考えなさい」と、本人に任せたほうがよい**。

②放散型

叱られ慣れしており、変に根に持つことが少ない。もちろんバカにしたような叱り方をするのはダメだが、**本人のためになることを真剣に考えていることが伝わる叱り方は、喜ぶことが多い**。「そんなに自分のことを考えてくれるなら」と思い、アドバイスになるべく従おうとするので、案外導きやすい。

③萎縮型

叱ると「叱られた、もう嫌だ」と拒否反応が出て、心を閉ざす。「萎縮型」の子の場合は、感情的にならず、静かに、どうしてそれをしてはいけないのかをきちんと説明し、君を心配しているという気持ちを込めて話すと、素直に聞いてくれる。「萎縮型」は他のタイプより、優しさ、ぬくもりを必要とするので、「ダメ！」と叱るよりも、**「それをやったら、君が悲しむことになるんだ。だからこうして話をしているんだ」と、親身になっていることを伝える**と、本人も行動を改めやすい。

このように、三つの型は同じ対応でも反応が異なります。我が子はこの三つの類型のどれに近いか、考えてみてください。「上の子はこの対応でいけたのに、なんで下の子は反応が違うんだろう」と感じることがあったら、それはタイプが違うからです。

実際にはそこまで典型的ではなく、**二つの型の中間に位置する子が多い**です。スポーツは意欲型、勉強は放散型と、場面によって傾向が変わることもあります。そういう子どもの場合は、場面ごとに接し方を変えてみてください。

まずは、自分の子どもが三つの類型のどの位置に当てはまるのか、見極めて対応を考えることが大切です。

POINT 25

まずは、子どもを観察して、
どのタイプか見当をつけます。
これまで叱ったときの
子どもの反応を思い出してみてください。

Q26 ギリギリにならないと勉強しようとしません。

A 子どもの学習スタイルには「毎日コツコツ型」と「ラストスパート型」があります。

子どもの学習スタイルは大きく「毎日コツコツ型」と「ラストスパート型」に分かれます。毎日コツコツ型の親から見ると、ラストスパート型の我が子は「普段からやっておかないから、こんなギリギリになって夜遅くまでやらなきゃいけない羽目になるんでしょ！　これに懲りて、これからはきちんと毎日勉強しなさい！」と、イライラします。

逆にラストスパート型の親から毎日コツコツ型の子どもを見ると、「よくもまあ、毎日地道にできるもんだ」と半ばあきれるような、半ば感心するような気持ちで普段眺めます。しかし「おい！　ここは勝負どころだぞ！　もうじき入試なのに毎日決まった時間に寝るって、オイコラお前、わかってるのか！」と、我が子のマイペースぶりにイライラします。

親は、自分のスタイルが一番だ、普通だと思っているので、自分とタイプが違う子どもを見ると、イラだってしまうようです。

どちらのタイプかはその子の個性ですから、やり方を改めさせるのは難しいです。むしろ「角を矯《た》めて牛を殺す」ことになりかねません。自分とタイプの違う学習方法は欠陥だらけに見えるかもしれませんが、それは欠点ではなく「特徴」です。ならばその特徴を長所として活かせるよう、うまく導く必要があります。

毎日コツコツ型は、言われなくても自分のペースで学習できます。この場合、普段は自主的に勉強する良い子ですから不満はないのですが、ラストスパートをかけるべき時期もマイペースなので、ラストスパート型の子どもに次々追い抜かれます。すると周囲の大人は焦り出し、「寝る間も惜しんで勉強しなさい」と指導するのですが、そうするとペースが崩れ、かえって集中力が欠けてしまいます。なお、なぜかはわかりませんが、毎日コツコツ型は男の子に少なく、女の子に多く見られます。

だから**毎日コツコツ型の子どもの場合は、ラストスパート型の同級生に追いつか**

れて焦ることのないよう、普段の学習を充実させることが重要です。一つのコツは、「意外な目」に遭わせることです。

毎日コツコツ型は着実に成果を上げる反面、学習の進め方が「慣れた方法」に固定化しやすい欠点があります。そこで「意外」を持ち込むことで、学習に波をつけます。

たとえばその子が自信を持っている分野に、意外な問いを投げかけてみましょう。

「電子って原子の周りを回っているんじゃないの？　なんで電流が流れるときは原子からバイバイしちゃうの？」

こうした意外な問いを投げかけると、子どもは「エッ」と虚を突かれ、内容の理解が不十分なことに気がつきます。「教科書の文面をなぞるだけ」だった学習が、さまざまな角度から眺めることで、深みと広がりが増します。

まじめに毎日コツコツタイプは、学習に「遊び」が少ないので、学習に深みを失う恐れがあります。意外な問いを投げかけ、慌てさせ、普段とは別の眺め方で学習する習慣をつけることで、学習に緩急をつけてください。毎日コツコツできるだけに、学習スタイルを日々改良する習慣が身につけば、ラストスパート型では容易に追いつけないほど、学習深度が深まります。

ラストスパート型は、「気もそぞろ」な性格の子が多いです。勉強よりずっと楽しいことがたくさんあるのに、どうしてつまらない勉強をしなきゃいけないんだよ！と不満を持ちがち。こういう子どもを強制的に机の前に座らせても、「想像のお花畑」に遊びに出かけるだけなので、結局はうまくいきません。

こうしたタイプの子は**「机の前に座る」という形にこだわらず、日常生活から学ぶほうが適しています**。「公園まで2キロか。歩いて30分なら、時速何キロなのかな？」と、首をかしげてみましょう。すると子どもは聞いていないフリをして、後で一人になったとき、教科書を開いて速度の計算の仕方を調べたくなるでしょう。

一緒にキャンプに行ったとき、「火を熾《おこ》すには、熱い灰がたまらなきゃダメだ。理科の教科書で、燃焼には燃えるものと酸素と熱が必要だって書いていたろ？　熱い灰が熱を維持してくれなきゃ燃え続けないんだよ」と言うと、子どもは家に帰ってから教科書を開き、豊かな体験的知識を短い言葉に結晶化したものが教科書なんだ、ということに気がつきます。すると、教科書を開くのが当たり前になってくるでしょう。

机の前に座って学習するスタイルは難しいかもしれませんが、こうして、気になることがあれば教科書を開くという習慣を身につけさせることはできます。すると、普段の成績もそう悪くなるものではありません。

そしていよいよラストスパートで学習し始めると、普段から教科書を開くことに抵抗が少なくなっているので、スッと集中できるようになります。
教科書が意外におもしろい、日常の意外な面を知ることができると気づくと、普段から教科書を眺める時間が長くなっていきます。コツコツタイプと比べればムラがありますが、日常的に学習するようになります。

POINT 26

毎日コツコツの子には「意外な問いかけ」を。
ラストスパートの子には
「日常生活から学ぶ」声掛けを。

第5章

意欲を引き出すコツ

Q27
鈍くさいし失敗ばかりで、放っておけません。

A
鈍くさいのも失敗するのも大事な「学び」です。待ってみてください。

かつて私の塾に「タマシイ飛ばし」の名人がいました。問題集を前にすると30秒もしないうちに目がうつろになり、想像の世界にお出かけの様子。

「おい」と声をかけるとハッと意識を取り戻し、姿勢を正しますが、また想像のお花畑へ。

それの繰り返しで、2時間かけて1問も解けませんでした。

なぜこんなことに？　お母さんから小さい頃の様子を伺いました。

この男の子はおばあちゃんにたいそうかわいがられ、5歳になるまでおばあちゃんが口まで食事を運んでいたそうです。何をするにも「危ないから」「私がやるから」と取り上げるので、この子は自分から何かをするということを諦めてしまったようです。彼に残された自由は、「想像のお花畑」への逃走だけでした。

それならこの子は意識を「いま、ここ」に踏みとどまらせることが必要と考え、次のように伝えました。

「意識をいま、ここにとどめる訓練をしよう。君も努力してくれよ」

この子は高校生でしたが割り算あたりから怪しかったので、小学2年生の問題集から始めました。しばらくすると「想像のお花畑」にお出かけ。

そこで机を思い切りバーン！と叩きました。「ほら！　タマシイがいま飛んでいったぞ！」

ハッと意識を取り戻したその子は、意識が「ここ」にいる時間が少し延びましたが、それでもしばらくすると想像のお花畑に。

その度、机をバーン！　初日は2時間、机を叩きっぱなし。別に叱りはしません。ただ、意識が遠のきそうな瞬間、大きな声と音でビックリさせる。それを繰り返しました。

何日かすると意識がとどまる時間が延び、タマシイがお出かけしなくなりました。

目の前の問題集に集中できるようになると、小学生の内容は短期間に終了しました。ところが中学生で習う因数分解がわかりません。すると、泣き出しました。中学の問題ができない自分が悔しくて。

でも、もう意識はお出かけしません。粘り強く教科書の説明を読み、例題の通りに練習問題を解く地道な学習を続け、因数分解を克服しました。これで自信がついて、中学校の内容を急速に習得し終えました。「諦めさえしなければ、いつかわかる」という感動が、学習意欲をかき立てたのです。

その子は高校卒業後、倍率20倍以上の人気を誇る授業料無料の自動車整備学校を希望し、見事合格しました。高校の担任も無理だとずっととめていたのに、まさに快挙でした。

以前の彼は、残念ながら「おばあちゃん子は三文安い」という言葉の典型でした。おばあちゃんが転ばぬ先の杖、孫の先回りをして全部やってしまうものだから、彼は自分の力で何かを成し遂げる感動を味わえずにきました。それで意欲が枯渇《こかつ》してしまったのです。しかし能動的に動けば変わるという体験を積むことで、彼は意欲を取り戻し、自分をついに変えました。

自分の人生を自分の力で切り開く。それには、当然ながら能動的、主体的でなければできません。能動的、主体的になるためには、自分が能動的に動いた結果、何かを達成できたという喜びを積み重ねた体験が必要です。それがないと、能動的に動こうとしなくなります。

不器用で失敗ばかりの子だからと放っておけない、という気持ちはわからないでもありません。しかしそれでは子どもの肝心な学習機会を奪うことになります。

たとえば赤ん坊は、スプーンを口に持ってくるのさえ失敗して、顔中ごはん粒だらけにします。

しかし赤ちゃんは失敗の中からも学んでいます。「スプーンをこう動かしたら口に入る前に全部落ちる」というデータを収集しているのです。その膨大なデータの蓄積があるからこそ、「口の中に運べた！」という特別な体験に感激するし、「もっと試そう！」という意欲が湧きます。能動的な学習は、もっと試そうという意欲は、鈍くさくて失敗ばかりの行為から生まれます。

親は子どもが能動的に動こうとするのを、むやみに妨げないこと。転んだりつまづいたりしても、それが大きな怪我《けが》でないのなら、手を出すのをグッとこらえて見守り、立ち上がるのを待つ。そして立ち上がったときに「よくやった！」と驚き、感動すると、それが子どもに伝わります。能動的に動くことが快感となり、もっと能動的に動こうという勇気が湧きます。**見守り、励まして、でもなるべく手を出さない。**そうすることで能動性を引き出すのが、大事なのだと思います。

POINT 27

子どもは失敗しながら学びます。
危険が伴わない限り、
自分でできるまで見守ってあげてください。
自分でできた達成感が何より大事です。

Q28 勉強机に10分と座っていられません。

A 食卓やリビングで、時間を決めて、親も一緒に座りましょう。

遊んでばかりだった男の子が、お父さんから次のように言い渡されました。

「中学生になったら、お父さんの隣に座って勉強しなさい」

その子は渋々、夜9時になるとお父さんの隣に座るようになりました。そして、1年たたずに、その子は学年でトップになりました。

実は、私自身も同じ経験があります。

「中学3年生になったら、お父さんの隣に座って勉強しなさい」

それまで勉強机に座ったことなどなかった私。勉強机はおもちゃや漫画の物置。ですから最初はそれらを押しのけて宿題をするくらいでした。

しかし集中できません。机に突っ伏したり椅子の背もたれにのけぞったり。頭の中ではチェッカーズの歌が流れ、女の子のことを思い浮かべたり、落書きを始めたり。

ふと隣を見ると、父は背筋を伸ばし、静かに本を読んでいます。身じろぎもしません。

最初のうちは「ちぇっ」と思っていましたが、だんだん集中できない自分が格好悪く思えてきて、「どうせ逃げられないのなら仕方ない、宿題やるか」と思うようになりました。

1カ月もすると、落ち着きのなかった私もだんだんと学習に集中できる時間が長くなったのですが、それでも時折、気が散ります。そうしたとき、隣で集中している父を見て、うーん、なんであんなに集中できるんだろう？と興味が湧き、次第に集中する工夫をし始めました。

夜9時になったら自分から勉強部屋（家族全員、そこが勉強部屋だった）に行き、自主的に学習するようになった私を見て、父は一緒に勉強しなくなりました。隣の部屋で「男はつらいよ」の映画を見てゲラゲラ笑っている父。しかしもう私は、成績が上がってきたのがおもしろくなって、自分から勉強部屋に向かうようになっていました。

勉強する子になってほしい、という思いはどこの親でも強いものでしょう。もしそうなら、勉強する時間を一緒に過ごしてください。机を並べて。そして、親自身が身じろぎもせずに集中する姿を見せると、思春期の子は、内心親に感心します（表面上は反発しますが）。なんで親はスッと集中できるんだろう？　と。反抗期で親に負けたくないという気持ちがある分、集中できない自分が恥ずかしくなり、次第に集中する方法を探そうとします。

一緒にいるとなぜ子どもが学ぶようになるのでしょうか。**「自分と同じ時間、同じ空間を過ごしてくれる」のがうれしい**のでしょう。思春期は親に反発するものですが、**特に干渉もなく、隣で同じ方向を向いて本や教科書を読んだりしていると「同志」感が生まれます。**それは、まるでキャンプファイヤーを囲んだときの空気感。それが子ども心に気持ち良いのです。気分が良いから集中しやすくもなります。

「隣で勉強しなさい」とは言っても、教える必要はありません。ただ、自分が黙って集中して学習する姿を隣で見せるだけで結構です。すると、子どもは集中するにはどうしたらよいか、工夫し始めます。

最初のうちは教科書の間に漫画を挟んで読んだり、落書きしたり、余計なことばかりします。でもそれを注意する必要はありません。自分が集中していたら、子どもが勝手に恥ずかしくなり、次第に集中する方法を模索し始めます。

もし「こら！　集中しないか！」と注意したら、子どものペースに巻き込まれます。「やった！　これをきっかけに『勉強なんかやってられるか！』とケンカに持ち込もう！」という策略に乗ることになるからです。

しかしわき目も振らず集中されると、取り付く島がありません。トイレに行って戻らないという手段を取っても、「部屋の外に逃げた自分」を直視せざるを得ません。「親は集中しているのに、俺は何をやっているんだろう？」となるのです。

だから、勉強する子になってほしいなら、親が同じ空間、同じ時間で学習するのが一番。口出しは一切無用。すると自然に勉強するようになります。

ただし、この方法は、中学生になってからでいいと私は思っています。小学生の頃は大したことを習いませんから、そんなに長時間学習する必要はありません。小学生は遊びの中から体験的知識をしっかり増やしてほしい、というのが私の考えです。

ただし、**小学6年生になるくらいから、1年かけて「中学生になったら、隣で勉強しなさい」と予告しておきましょう。**次項のQ29でも述べますが、子どもは、前もって告げられていたことは、いやいやながらであっても守ろうとします。中学生になるタイミングで生活習慣を変えると、比較的容易に達成できます。

勉強に付き合おうとすると、親は大変かもしれません。しかし机を並べている時間は、読書でも洗濯物をたたんでも、編み物でもかまいません。何かに集中する時間を子どもと一緒に過ごしてください。その時間が、子どもの精神状態を安定にし、集中力を増します。

もし親が勉強に付き合うのが難しい場合は、親戚やご近所のお兄ちゃんお姉ちゃんでも結構です。**できれば同性のほうが望ましいです。思春期はいろいろありますから。**

別に家庭教師のように教えなくても結構。「うちの子どもと一緒に、横で集中して勉強してくれないか」と頼んでみてください。

この方法を続けているうちに、教えなくても、子どもは集中して学ぶようになります。

POINT 28

一緒に勉強する同志感と、自分だけ集中できない羞恥心《しゅうちしん》が、子どもの集中力を育てます。

Q29 いつまでたっても子どもで困ります。

A 節目のときに「約束の力」を活用してみては？

「中学生になったら、漫画を買うのは禁止」

そのように、私は小学5年生のころから親に言い聞かされていました。そんな殺生《せっしょう》な、と思いましたが、どうしたわけか中学生になり、渋々ですが反抗もせずに従いました。

大人になって不思議に思うのは、なんでもっと抵抗しなかったのだろう？ ということです。あれこれ条件を出して、譲歩を勝ち取ることもできたでしょうに。改めて考えると、「前もって告げられていたから」かもしれません。

子どもは不思議と、「〇〇歳になったらこれを守れるようになろうね」というのを、1年くらいかけて告げられると、それを守ります。大人になるための訓練だと考えるようです。諦めるのは残念だけれど、大人に近づいていく誇らしさもあります。節目を利用すれば、その日を境に一気に課題を解決することが可能です。

子どもは前もって告げられたことは、しっかり守ろうとします。ただし約束が細かすぎると重みが失われますから、**子どもが守りきれる大事な一つか二つに絞ります。それを1年前から告げておくとよいでしょう。「〇〇歳になったらもう一人前。だから、これをできるようになろう」**という言い方にすると、しっかり守ろうとします。普段、言っても聞かない子どもが、1年以上前から告げられた約束は驚くほど守ろうとします。

この性質は、子どもの飛躍的な成長を促す、取っておきの方法として活用してください。

私のおすすめは、**小学校に入ったら家事を一つ、たとえばお風呂の掃除を担当してもらうよ、と告げておきます。中学生になったら料理を覚え、15歳になるまでに20種類は料理を覚えること。15歳になったら、すべての責任を自分で負う覚悟を持つこと。**

子どもは、親から「やれ」と言われることは「やらされ感」が出るので嫌います。しかし「使命感」は大好きです。**「これからミッションを伝える！」と言うと、子どもは「はい！」と表情を引き締めます。**使命を果たすことは、大人の階段を上るような気持ちになって、うれしいようです。

年齢ごとに、果たすべき使命を伝える。すると、子どもはその使命を果たすべく、自ら成長しようとします。

POINT 29

大人への階段を一歩一歩、自分で上っていくことを実感させてあげてください。子どもは使命を果たすのが大好きです。

Q30 中学生になっても意欲というものが見えません。

A 親が少しずつ負けてあげてください。

小学校高学年だと、母親はドッジボールで勝てなくなります。中学生の男の子は、徒競走で父親よりも速くなります。体力的に親を凌駕《りょうが》することがだんだんと増えていきます。

そのとき、「強くなったなあ」と声をかけてあげてください。頼もしくなったことをきちんと言葉にして伝えてやると、子どもは自信を持つようになります。

体力面で凌駕し始めた自信から、「もしかしたら知力でも、親に追いつけるようになるのかもしれない」と、ワクワクし始めます。

発達に合わせて、子どもには、少しずつ負けてあげましょう。

たとえば徒競走、腕相撲、クッキーを焼くことや、おいしいコーヒーの淹《い》れ方……。人生経験をたくさん積んだ大人は、知力においてならそうそう子どもに負けません。それでも、「お父さんお母さんを超えられるかもしれない」という夢は、子どもにとってワクワクするものです。そして、時々少し負けてあげると、ますます「知力でも勝つ」というのは挑戦しがいのある課題に思えてきます。

私の場合、中学生になると短距離走で父親に勝てるようになりました。高校生になると腕相撲で勝てるようになりました。一見、勉強と関係ないように見えますが、親に勝てるものが増えていくという自信は、「知力の分野でも親を超えてやろう」という野心に火をつけます。

年齢差がある以上、知力ではなかなか大人に勝てませんが、**「お前の年頃のとき、お父さん（お母さん）はそこまでできなかったなあ」と、昔の自分と比較して、負けたことを素直に認めると、子どもは自分の成長を確信し、喜びます。**

子どもにとって、親は圧倒的に強い存在です。体は大きいし、力は強いし、何でも知っている気がします。勝てないと思っていた絶対的存在に、少しずつ自分も勝てるようになってきた。それが自信となっていきます。

子どもに少しずつ負けてやる。そうすることで、いつか親を超えるような存在にまで育ってこいよ、と願いを込める。これもまた、学ぶ意欲を刺激する一つの方法です。

POINT 30

「親を超える」というのは、
子どもにとってワクワクする楽しみ。
一つ、また一つと力をつけていることを
実感すると、
子どもは自信をつけていきます。

Q31
なるべく長い時間勉強してほしいです。

A 学習は集中が大切。机に向かう時間の長短は関係ありません。

勉強時間は長いほどよいわけではありません。集中した学習であることが大切です。たとえ時間が長くても、よそ事ばかり考えていたら、何も頭に残りません。

私が学生の頃、ある弁護士の方から「弁護士になるには3000時間の集中した学習時間が必要」と聞いたことがあります。6時間机の前に座っても、集中したのが10分だけだったなら、10分。1時間しか勉強しなくても、そのほとんどの時間集中できたなら、1時間と教えます。このように集中した学習時間を増やそうとすると、勉強机に座る時間をただ長くすればよいものではないことがわかるといいます。

では、集中するためには、何が必要なのでしょうか。
意外に思われるかもしれませんが、それは**「家事」「交友（遊び）」「運動」「休息」「課題（学習）」の五つのバランスを、メリハリをつけて実践していくこと**です。

「勉強するから」と言って家事を一切やらないと、なんだか家の中で肩身が狭くなります。友人たちが遊びに誘ってくれたのを断ったら「あいつら、楽しいだろうな」と思って集中できなくなったり。運動不足で体がなまって集中力が低下したり、休憩しないために疲れたり。集中できない理由は、勉強以外のことが充実していないためであることが多いのです。

集中したいなら、家事をこなして「家族としての居場所」を確保し、友人と付き合って気持ちをリフレッシュし、体も動かして気力を充実させ、休憩を取ることで疲れを癒《い》やし、その上で学習時間を確保することです。

その弁護士の方は、1日に3時間集中した学習時間を確保できたら、それはかなり調子が良い日だ、と言っていました。6時間机に座っても1時間も集中できない日もあるそうです。

これは私自身が経験した受験勉強を思い出しても同感です。集中できる時間を長くするには、五つのバランスをどの程度に取ればよいのか、自分の体調とも相談しながら試行錯誤して見つけていくしかありません。

家事をどの程度こなすと家の中の「居場所感」を確保できるのか？

どのくらい遊べば気分が晴れやかになるのか？

どのくらいの運動だと疲れすぎず、気力が充実するのか？

どのくらい休むと疲れが取れるのか？

どれもダラダラやるのではなく、試行錯誤を繰り返してメリハリをつけ、その上で学習時間を最大化します。そうした工夫を、本人が重ねることが大切です（中学3年生くらいからで十分ですが）。


中学・高校の学習内容は、何年もかけて学ぶだけに、短期決戦では勝負がつきません。じっくり腰をすえて取り組む必要があります。

そのような長丁場でも気力を充実させ、意欲を持って取り組むには、五つのバランスをしっかり取り、心と体を健全に保つことが大事です。「自分に優しく」しないと、うまくいかないものですから。

POINT 31

「家事」「交友（遊び）」「運動」「休息」「課題（学習）」の五つのバランスとメリハリが、学習への集中力を高めます。

COLUMN

通過儀礼

通過儀礼とは、文化人類学などでよく取り上げられる話題で、「子ども」から「大人」へと変化する思春期をうまく乗り越えるための儀式とされています。

思春期には体が大きく変化します。男の子は毛深くなり、寝ている間にパンツがぬれていたり、体臭がきつくなり、微熱が続いたりします。女の子は胸が膨らみ、月経が始まります。比較的肉体が安定していた少年少女時代が終わりを告げ、体と心が大きく変化するのがこの第二次性徴期です。このとき、子どもは精神的にかなり不安になります。成長痛なども起きやすく、何か深刻な病気なのではないか、と不安にとらわれがちです。

この時期は、男の子にはお父さんが、女の子にはお母さんが、自身の体験を話してあげてください。「お父さんもお前の年頃のとき、こんなことがあってなあ」。変な病気ではなく、お父さんやお母さんも経験してきたことなんだ、と思うと、少し安心することができます。

しかし、話をするだけで済むほど、簡単な時期ではありません。ムクムクと内部で膨れ上がる衝動の強さに戸惑い、どう処理したらよいのかもわからないで、混乱しています。それまで素直に聞けた親の言葉に、いやにイライラします。甘えられた子ども時代への郷愁と、親から距離を置きたい衝動と。たくさんの矛盾する感情に振り回されています。

おすすめは、一種の「元服」を行い、覚悟を培《つちか》うことです。「数えで15歳になれば、もう大人になるのだよ」ということを、1年かけて話をするのです。

「昔の武士はね、数えで15歳、つまりいまだと満年齢で14歳になると、元服をしてちょんまげを結ったんだ。でも肝心なのはちょんまげじゃない。実は、腹を切る作法を学んだんだ。罪を犯したり、大きな失敗をしたら腹を切る覚悟を持つ。子ども時代には親が代わりに謝ってくれたら許してくれたけど、最悪の場合、腹を切って責任を取らなければならない『大人』になったんだぞ、ということを教える儀式が、元服だったんだ。いまでもその歴史が法律に残っていて、14歳未満とそれ以降では、少年法の適用が違う。責任の問われなかった『子ども』時代が終わり、大人となって、責任を問われるようになるんだ。13歳なら、来年には元服、大人になる年。君は大人になる覚悟ができているかい？　大人になって、自分だけでなく、家族を守る力を君は持てているかな？　まだだよね。どうすればいいか、14歳になるまでによく考えておくんだよ」

14歳の誕生日に急に変わるわけではありません。しかし1年くらい前からこうした話を折々に聞かせ、少しずつ「大人になる覚悟」を育みましょう。そして14歳の誕生日の日、互いに正座をして、真剣にもう一度、前述のように「大人になる覚悟」を改めて聞かせてやってください。子どもは「そうだ、僕は（私は）、今日から大人なんだ」という自覚を持ちます。その自覚が、自分で考え、行動する重要な素地になります。

第　三　部

やわらかくしなやかな地頭を育む

第6章

具体的な教え方

Q32 どれだけヒントを出してもトンチンカンな答えしか出てきません。

A わざと惑わせる質問をして、回り道思考にとことん付き合いましょう。

勉強が苦手な子は、「難しく考えすぎる」クセがついていることが多いです。答えはすぐそこなのに、ヒントを出すとかえって「そんなに答えが簡単なはずはない。もっとややこしいはずだ」と勝手に難しく考え、トンチンカンな答えが出てきます。「勉強が得意」な大人は、あまりの珍回答ぶりに子どもの知能を疑う人もいます。

しかしそうではありません。「大して考えてないな」とバカにされたくなくて、なるべくひねって答え、せめてもの抵抗としようという心理が働くようです。素直に、単純に考えることへの怯《おび》え、「考えないバカ」と言われることへの警戒心がすっかり根付いています。

そのクセを抜くには、**あえて回り道思考に付き合うとよいでしょう**。妙ちきりんな答えが返ってきてもムッとせず、むしろ「来た来た」と喜び、「へえ、どうしてそう思ったの？」と質問を返します。さらに答えが返ってきたら「ほう、もしそうだとすると、これはこうなるの？」とさらに質問。そうすると、子どもはだんだん矛盾に気づくでしょう。

長いときは簡単な問題でも1時間くらい「難しく考えすぎ」思考に付き合うハメになりますが、これから脱却するには、どうしても一時期は辛抱強く付き合うことが大事です。正解を知る身にはいら立ちますが、「おお、ウワサのこれか」と思って、その個性的な回り道の散歩を楽しんでしまいましょう。

少し具体的な事例を紹介します。

私「カモノハシって、何類？」

生徒「ほ乳類！」

珍しく最初から正解が言えた。

私「え？　でもカモノハシって、卵産むんでしょ？」

子どもはここで大いに動揺します。理解が浅い子は、ここから「難しく考えすぎ」モードに切り替わります。

生徒「え……じゃあ、は虫類？」
私「ふーん、じゃあ、トカゲみたいに体温が変わるんだ」
生徒「ええええ？　ちょっと待って！　わからない！　教えて！」
私「いやいや、僕のほうこそ教えてよ。ほ乳類？　は虫類？」
生徒「じゃあ、毛が生えているから、やっぱりほ乳類……」
私「卵を産む問題はどうでもいいの？」
生徒「えーっ！　わけわからなくなってきた……」

子どもは頭を抱えます。「教科書を見てごらん」とアドバイスをすると、それまでは読めと言っても読まなかったくせに、疑問が湧いているから熱心に丹念に読みます。

生徒「先生、僕のことからかったでしょ。やっぱり最初に言ったほ乳類で正解じゃん」
私「いや、でも卵を産むのはどうなったの？」

生徒「カモノハシは、は虫類とほ乳類の中間的な存在なんだって。だからどっちの特徴もあるんだって」

私「なるほど。だったら、なんで中間的な存在なのに、あえてほ乳類なの？　どっちでもいいならは虫類でもいいでしょ？」

生徒「え？　なんでだろう……」

また教科書を読み返す。

生徒「ほ乳類というのは、おっぱいをあげる生き物という意味なんだって。カモノハシは卵で産むけれど、おっぱいをあげて育てるから、ほ乳類になっているんだって」

このように、**わざと「惑わせる質問」をし、正解を口にしたとしても「理解が浅い」と思ったら、あえて「本当にそうなの？」と質問します**。すると動揺し、「難しく考えすぎ」モードに入ります。しかしその紆余曲折《うよきょくせつ》に付き合ってあげると、その問題を深く広く理解することができます。しかも自分で答えに近づきたくて、主体的に能動的に教科書を読み込むようにもなります。**「なぜか」という強い疑問を抱くからこそ、ついに**

「わかった！」という感動も味わえます。

「惑わせる質問」は、理解を深め、記憶を刻むのに良い方法です。難しく考えすぎてしまうのは、理解を深めていないのも原因のひとつです。「次に意地悪な質問をされてもスッと答えられる用意をしておこう」と考え、能動的に理解を深めようとするようになります。

あなたは、子どもが正解を出してもニタニタと笑いながら、時折、意地悪な質問をするだけでOKです。すると、子どもは普段から「かかってこい！　どんな意地悪な質問でも答え切ってみせる！」と、準備を整えるようになるでしょう。

POINT 32

迷うプロセスに何度か一緒に付き合うと、理解が深く広くなります。

Q33 考えずに、「わかんない」で逃げようとします。

A 質問をして、子どもの答えをおもしろがってみましょう。

日本の若者を特徴づける言葉、「わかりません」。

これは小学校の中・高学年あたりから始まり、大学生になると頻繁に口にします。「わかりません」は、とりあえずやり過ごすのにとても便利な言葉。「わかりません」と答えると、親や教師は仕方なさそうに教えてくれます。

私は中学生から大学生までを指導してきて、「わかりません」を無数に聞きました。そのつど、わかりやすく教えたのですが、翌日にはきれいさっぱり忘れます。どうやら、「わかりません」というフレーズは、「考えることをやめました」という宣言のようです。能動的な部分が失われていますから、何をやっても頭に残りません。

大学4年生でも「わかりません」はごく普通。私はあるときから**教えるのをやめて、質問するようにしました**。

「何か気づいたこと、ある？」

少し戸惑いながら「……わかりません」。出た！　わかりません。しかし何か考えてもらいましょう。

「実は僕もよくわからないんだよね。トンチンカンでもかまわないから、気づいたことを何でも口にしてみて」

そう言うと仕方なしに、オズオズと気づいたことを話し始めます。

「ふんふん、なるほど、おもしろい見方をするね、他には？」と発言を前向きに受けとめていることを伝えながら、次々に言葉を促します。

こちらは頭の中に正解があるものだから、それがなかなか出てこないといら立ちます。そして「なんでそんな答えになるんだよ！」と喉元まで声が出かかってしまいます。しかしそんなことを言ったり、態度に示したりしただけでも子どもは（学生でも）萎縮し、黙ってしまいます。そこで**正解は期待せず、「この子はどんな思考回路をしているんだろう？」**

という観察を楽しむ気持ちで臨んでください。

「へえ、そんなふうに思うんだ。なんでなんで?」と興味深そうに質問を重ねます。

こちらがおもしろがって聞きますから、子どももだんだん調子が出てきて、いろいろ考え、話してくれます。能動性が引き出され、思考が動き出します。すると、子どもは見えなかったものが見え出し、気づかなかったものに気づき始めます。観察力が動き出すのです。

正解に最短距離でたどり着かせようとするのではなく、まず話を聞いて、おもしろがること。おもしろがると、子どもは話をするために考えます。何か気づけるものがないか、観察し始めます。おもしろがることが能動性を引き出し、思考を動かすわけです。

質問をし、相手の話をおもしろがる。こうした方法を「産婆術」といいます。哲学者ソクラテスが編み出した方法です。

そういえば、ソクラテスがなぜ有名なのか、わかりますか。「無知の知」という言葉が有名ですが、学校で習ったときは「それがどうした?」と思いませんでしたか。

ソクラテスは、若者たちに大変人気でした。というのも、ソクラテスと話すと、若者は自分が天才になったかのようにアイディアが湧いてくるからです。

ソクラテスは教えようとせず、むしろ若者から訊《き》き出そうとしました。「君の話、おもしろいね。ここのところ、どういうこと?」「ふむ、いまの話を聞いて、ふとこう感じたんだけど、君はどう思う?」「へえ、おもしろいね。では、この話とくっつけたらどうなるだろう?」と、質問を繰り返しました。

若者は答えようと必死に考えます。「こういうことなのではないでしょうか?」。するとソクラテスはその回答をおもしろがって、さらに情報を付け加えて、質問を重ねます。それを繰り返すと、若者は、深く広く考える自分を発見して、感動するのです。

『メノン』(岩波文庫など)という本では、数学の素養のないソクラテスと召使いが問答を繰り返すうち、図形の新しい定理を見つけるというシーンが描かれています。たとえ無知同士でも、質問し、思考を促せば、新しい発見ができることをソクラテスは知っていたのです。

「産婆術」の優れている点は、質問することで「目の付けどころ」を指し示せることです。**「三角形のどこかが直角のとき、他の頂点はどうなっているの?」目の付けどころが示されると子ども(若者)は観察しやすくなり、考えて答える「能動性」も引き出されます。**

子どもが答えた言葉に対して大人が関心を示せば、さらに能動的に考え、言葉にしようとします。子どもは、本当は能動的に動くのが好きで、それを評価してもらえるのはとてもうれしいからです。

「訊く」（質問する）という産婆術は、ただの丸暗記に思える内容でも新鮮味を与えます。「あかさたな、の音を延ばしたらどうなる？」と訊くと、「あーあ、かーあ、さーあ……。あっ！　最後が全部『あ』になるね」と子どもは「発見」するでしょう。

その発見に、親が「おっ、ホントだ！」とおもしろがれば、子どもはさらに言葉の不思議を発見しようとします。大人は産婆術で着眼点を指し示しながら質問し、子どもから言葉を引き出せばよいわけです。

そうすると、子どもは当たり前に見える事柄からもさまざまな不思議を発見する楽しみを味わうでしょう。無味乾燥と思われがちな教科書も、「昔の人は、どうやってこの法則を発見できたんだろうねえ」とビックリするでしょう。自分の頭で考えて理解する作業をすると、先人たちの興奮を「追体験」できます。

このように、産婆術は子どもの能動性を引き出し、着眼点を指し示し、発見する喜びを感じさせ、先人の偉業のすばらしさに気づかせる、すばらしい方法です。そうした感動があれば、記憶にも刻まれやすくなります。

POINT 33

「わからない」は能動性が失われた状態。
「産婆術」で能動性を取り戻す手助けを！

Q34 わかっていないのに、すぐに「わかった」と言います。

A 本当に腹に落ちるまで、「三つの姿勢」で寄り添ってください。

勉強が苦手な子は、安易に「わかった」という言葉を口にします。「わかんない」とまったく逆の意味なのに、結構出てくる言葉です。

しかし十分わかっていませんから、そのうち親や先生も「この子は理解力がない」と諦め、わからせようとする努力をしなくなるだろうという見通しを、子どもながらに、どこかに持っています。つまり「わかった」は「面倒だから説明を早くやめてくれ」という悲鳴でもあります。

子どもが安易に「わかった」を口にしてしまうのは、それまで周りの大人たちがしつこく煩《わずら》わしい説明を続け、それを打ち切るのには「わかった」が一番、と学習してしまったからでしょう。残念ながら、学力を高めない方向にしたたかさを身につけてしまったわけです。

そういう子どもには、教える側に三つの配慮が必要です。

その三つとは、**信じること、教えないこと、見守ること**。

子どもは、自分に対しどういう気持ちでいるのか、敏感に察します。懇切丁寧にわかりやすく説明してくれる優しい教え方でも、根っこに「この子は学力が低い、教えてもできるかどうかわかったもんじゃない」という思考が隠れていることを嗅《か》ぎ取ります。すると子どもは、その場しのぎの態度を取ろうとします。だから**まずは、「絶対できるようになる」と信じることから始める必要があります**。

そして次に、安易に教えないこと。もっとはっきり言うと、教えないこと。実は、「教える」ことは子どもの理解力を信じていない証しでもあります。**本人の力で「できた」と言えるときが必ずくると信じ、ヒントは伝えても核心部分は教えないようにすること**です。

とはいっても、まったく教えないとやりようがないですから、いい塩梅《あんばい》の教え方はこの後、Q38で説明します。

最後に、見守ること。できるようになることを信じる人がそばにいると、期待にこたえたいので、逃げなくなります。見守られている間、子どもは課題に立ち向かいます。せかされなければ、必ず自分から動き出します。**見守るけれど、せかさないこと。**教える側と子どもの根比べです。具体的な様子については、Q38で紹介します。

この三つを実践すると、子どもは二、三度は泣きじゃくることになります。できない自分が情けないし、教えてくれないし、でも逃げられないし。しかし「絶対君にはできる」と励まされるし、どうも決して逃がしてはくれないようだと観念したとき、初めて勉学に正面から向き合うようになります。

向き合ってみると、「できた」を味わえます。しかも自分の力だけで。教えられずに「できた」ことで、勉強に対する自信のなさが根本的に変わって、「できるかも」という自信が芽生えます。自信と同時に強い達成感が得られ、「自分には何かを成し遂げる力がある」という感覚（自己効用感）が学習意欲をかき立て、その後の成長を大きく促します。

子育ては心理戦。学習内容をわかりやすく説明するテクニカルなことより、心理戦で子どもを立ち向かう気持ちにうまく誘導できるかどうかがカギになります。

POINT 34

「信じること」「教えないこと」「見守ること」が
大事です。
子どもの潜在力を信じて、
根気よく「心理戦」のつもりで
誘導しましょう。

Q35 分数や割り算でつまづいてしまいました。

A ピザやケーキを子どもに切らせてください。

勉強ができない子は、小学生の早い段階でつまずき、それ以来「わかっていること」と「わからないこと」がまだら模様に混ざっています。このため、問題を解いてもできたりできなかったりで、「ここまでなら間違えずに確実にできる」という大地を踏みしめるような安心感がなく、どこかフワフワしています。

こうした子の場合、**焦って現在の学年の勉強をさせようとするより、確実に間違えないところまで「下りる」ことが大切です。たとえ中学生であっても小学校から見直しましょう。**

小学校でつまづきやすいのは割り算と分数です。特に分数でつまづく子が多いです。三分の一足す三分の一は六分の二、と答えるのはよくある話。「体験」に基づいて理解していないためです。

分数でつまづく子は、小学3年生になるまでに「体験」を十分に積めていないことが多いようです。ピザやケーキをいくつかに切って、みんなで分けるという体験に乏しいか、まったくないと、分数を理解するのは非常に難しいです。

もちろん小学校の授業でも、ピザやケーキを切るという説明の仕方をするのですが、日常生活でそうした体験がないと、授業でいきなりその説明をされてもピンと来ません。そのうち、あれよあれよと分数の計算が始まり、結局、分数というものがよくわからないまま小学校を卒業する、ということになります。

ですので、**もしお子さんが分数でつまづいていたら、まずは分数を教える前に、ピザやケーキを一緒に切ったり、粘土の棒をいくつかに折ったりして、「もとの一つより小さいもの」を集めると「もとの一つになる」という体験をたくさん積ませてあげてください。**

そして**分数を教える際、「分母」や「分子」という言葉はしばらく使わないようにしてください。「横棒の下の数字はピザ（ケーキ）をいくつに切り分けるか、上の数**

字はそのピースの数」ということが伝われば十分です。

たとえば三分の一足す三分の一という問題だったら、「いくつに切り分けるのかな?」、三つと答えられたら「それが? 一つと一つだと?」と、目の前に粘土を置いて、実際に切り分けながら尋ねるとよいでしょう。

これは、お子さんが中学生でも同じです。「中学生にもなって分数からか……」というあきれた態度を見せると、子どももスネてまじめに取り組もうとしなくなりますから、そういう態度はご法度《はっと》。「よし、じゃあ、分数をもう一度見直そうか」と、「一つ一つ積み上げていけばよい」という姿勢でいれば、子どもも「そうだ、一つ一つ積み上げよう」と思えます。

速度の計算も勉強の苦手な中学生がよく間違う問題です。距離÷時間なのに、時間÷距離で計算する子が非常に多い。それを指摘しても「ああ、勘違いしただけだよ」とごまかしますが、曖昧《あいまい》にしたままなのでいつまでたっても間違います。

大阪では速度の計算方法を「は・じ・き」(嫁さんに聞くと、愛知では「き・そ・じ」と言うそうですが)の語呂《ごろ》で覚える子がいます。こういう子に限って、何で何を割ると速さが計算できるのか、よく間違います。体験から離れて、文字(数字)の関係だけで解こうとするからです。

そういう子は、次のような質問をすることで見抜けます。

「1時間で4キロ進むのと8キロ進むの、どっちが速い？」

「じゃあ4キロを1時間で進むのと2時間かかって進むの、どっちが速い？」

すると、「ええと……」と言って計算しようとします。こういう子は、速度を体験に結びつけて理解していません。

「計算しなくていい！　**同じ時間で進む距離がながーい、ということは？**」

「計算しなくていいから。**同じ距離を進むのに時間が少なくて済むのは、速い？　遅い？**」

こうした質問を繰り返すと、次第に「速度」というのは体験に基づいた概念なのだ、ということに気づきます。

小学校は、四則演算、分数を理解できていれば大丈夫です。他の内容は中学校になってからでも十分間に合います。中学1年生になるまでに分数を理解できればよい、と思えば、焦《あせ》らずに済みます。

「もう中学生なんだから」と焦って中学校の内容に入ろうとせず、「できない」ところまで下りて、小学生の内容から確実に積み上げましょう。すると、子どもは大地を踏みしめるように確実に学習内容が身につく感覚を持てるようになり、学ぶことが苦にならなくなります。

曖昧なところを残したままだと空回り感でつらくなります。しかし、曖昧さを残さずに着実に学習できていると確信が持てると、確実に自分は成長しているという感覚を味わえます。それがさらなる学習意欲の基礎となります。

POINT 35

できないところまで、とことん、さかのぼる。自分の日常体験から実感できるところから考えさせてください。

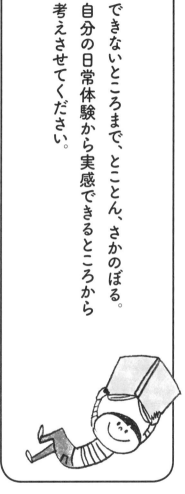

Q36 勉強をしているのに一向に成績が改善しません。

A 観察して「かみ合う」場所を見つけましょう。

公立中学で学年最下位レベルの場合、たいがい割り算や分数でつまづいていることが多いのですが、全然違う理由で学力の積み上げができなくなっているケースがあります。焦って対症療法的に、ともかく勉強させようとしても、原因がわからなくてはうまくいきません。原因を突きとめることが何よりも大切です。そうしたエピソードを一つ紹介しましょう。

親子で私の元に相談に来たとき、その子はシャープペンシルをクルクル回していました。なんだか落ち着きがなく、何度もペンを床に落とします。そして慌てて拾おうとして、イスまでバタンと倒れたり……。親から「話をしているときくらいやめなさい！」と叱られる始末で、ひどく落ち着きのない子という印象でした。

公立中学校に通い、成績は学年で下から10番以内をキープ。これは筋金入りの学習困難児かと思いきや、意外にも分数が解けました。これでどうして全教科一桁《けた》の点数なのか、不思議でした。

しかし、定期テストの答案用紙を見てようやくわかってきました。相当のおっちょこちょいだ、と。3か8かわからない字。送り仮名がない。漢字の横棒を1本節約したりサービスしたり。「きちんと字を書く」ことを意識していないことが「観察」から見えてきました。

ちょっと教えてみても、字がいい加減なので、正解になったりならなかったり。そのために、理解できなくて間違いにされたのか、字が変だからバツにされたのか、本人も区別できていませんでした。自分が理解できているのかどうかさえ、字がいい加減なために確認しようがなくなっていました。

そこで、「きちんと」字を書くしかない環境にしてしまったらどうか？という「仮説」を立てました。それまではお勉強を一切棚上《たなあ》げ。

100円ショップのことわざ辞典から10個書き写すという課題を与えました。間違いがあったら全部一から書き直しのルール。書き写すだけですから簡単なはずです。ところが、10個中9個でミス。字を一つ節約したり足したり、点や線が多かったり少なかったり。「これ、最後のマル（句点）がないだけじゃない。サービスしてよ」と言うのですが、私は「ダメ。一つでも間違っていたら、もう一度全部書き直し」と、やり直しをさせました。

初日、10個ミスせずに書き写すのになんと、3時間。恐るべきおっちょこちょいぶり。3日目でもおっちょこちょいぶりは健在。「ねえ、サービスしてよ！」と懇願しますが「点一つでもミスがあったら10個全部やり直し」。とうとうその子は号泣し始めました。

そこで、**落ち着くのを待って、「提出する前に見直してごらん　どういうミスが多いか、わかってきたはずだよ」とアドバイスしました。**

見直しでミスに気づくようになり、提出前に正せるものが増え、ようやく2時間以内に終了できるようになりました。やがて1時間を切り、ついに1時間の間にノーミスで数十個書き写せるようになりました。自分の犯《おか》しやすいミスがよくわかるようになったわけです。

それから教科書での学習に入ると、もともと理解力は悪くないから、急速に成績を伸ばしました。学年最下位レベルという「見事な」成績でしたから、さすがに卒業までに優等生というわけにはいきませんでしたが、高校では学年トップの成績を維持し、希望の大学に進学しました。

その子は、いま思えば、典型的な注意欠陥・多動性障害（ADHD）でした。しかしその症例を見たことがなかった私は、あらかじめどう接したらよいかわかっていたわけではありません。しかし、**その子をよく観察し、問題を推論し、「こうしたら改善するだろうか」という仮説を立てて指導してみた**わけです。**うまくいけばそのまま続け、うまくいかないならもう一度観察、推論、仮説をし直して新しい指導法を試す。**こうした試行錯誤の中で、子どもの指導法を模索《もさく》してきました。

勉強で成果の上がらない子は、何かの原因でつまづいています。それを放置したままでは、いくら勉強しても身につきません。つまづきの原因は何かを突き止め、それを克服するにはどうしたらよいのか、試行錯誤を重ねて、「その子が自分の力で克服できる」方法を見つけ出す必要があります。歯車がかみ合わず、空回りばかりしていると何も進まないように、いくら勉強しても学力が積み上がらない状態が続くと、学ぶ意欲は失われてしまいます。

空回りの原因を見つけ出し、それを解消すれば、歯車がガチッとかみ合ったような感覚を感じて、子どもは学ぶ意欲を取り戻します。「かみ合わせ」は学習意欲を取り戻す上で、とても大切です。焦って勉強時間を無駄に積み重ねるのではなく、時間はかかっても原因を突き止め、解消することに時間をかけましょう。

急がば回れ。結局はそのほうが、解決は早くなります。

POINT 36

**成績が悪い原因は理解力だけとは限りません。
観察、推論、仮説を繰り返すうちに
本当の原因が見えてきます。
親に備わった観察力を
それに活かしてください。**

Q37 勉強ができない子どもに、どこから教えればいいかわかりません。

A 小学校の算数で確かめてみましょう。

私が主宰していた塾は、公立中学校の定期テストで50点が取れない子が多く来ていました。私自身、それに近い成績だったため、どこから見直せばよいか、おおよそわかっていました。それは小学校の算数です。

足し算、引き算、掛け算は、学年最下位レベルでも（時間をかければ）できる子がほとんどです。しかし割り算、分数あたりから怪しくなってきます。**その子がどこでつまづいたのか、診断するのに算数はうってつけです。**

以下の2例は、Q36の注意欠陥・多動性障害の子とはまた別の問題を抱えていた事例です。

その子はひどく言葉が遅れていました。ほとんど言葉を話せず、文字もろくに読めませんでした（耳が聞こえないわけではありません）。そんな状態ですから、テストは当然、全教科ほぼ0点。そんな子が中学3年生の途中からうちの塾に来ました。

まずその子がどれだけの学力があるのか、分析してみました。中学校の内容はもちろんダメ。そこで、小学校のどの時点でつまづき始めたのか、調べてみました。それには算数が最適です。

足し算、引き算（ただし一桁）はできますが、九九、割り算、分数ができませんでした。学年最下位レベルでも九九までできる子がほとんどですから、小学校以前に何かがあったはずです。そこでお母さんから改めて話を聞きました。

すると、幼稚園ですでに言葉の遅れが指摘されていたといいます。ということは、それ以前に何かあったはずです。赤ちゃんのときまでさかのぼって話を聞きました。すると、この子が赤ちゃんの頃に離婚し、仕事と家事で手いっぱいだったこともあり、テレビの前に座らせておけばおとなしくしてくれるので、ずっとテレビに子守をさせていたということでした。

それで原因が判明しました。心理学の教科書にもある、典型的な事例でした（中島誠・川野通夫編『みんなまってくれ――障害児教育と発達の基本を再考する』アカデミア出版会）。

子どもの言葉の発達には、親子の「コミュニケーション」が必要です。テレビはたくさんの言葉を発するけれど、子どもの呼びかけにはまったく反応してくれず、一方的に「音」が流れるだけです。すると子どもは、テレビの画面の変化を眺めているだけで、言葉をただの音として聞き流します。仕事と家事で疲れ切り、つい「テレビにお守り」をさせたことで、言葉が遅れてしまったのでした。

とはいえ、もう中学3年生。いまから言葉を発達させようとしても時間が足りません。しかしお母さんも本人も高校進学を強く希望（その子本人はうなずくくらいで、声をほぼ聞いたことがありませんでしたが）。もう破れかぶれです。うまくいかなくて当たり前、やれるだけやってみよう。何しろこのまま卒業しても、こんなに言葉が遅れていては社会人として生きていくのも難しい状態です。高校の3年間、もう一度やり直す「時間的猶予《ゆうよ》」がほしいと思いました。

割り算や分数は諦め、足し算、引き算、九九（掛け算）を特訓。英語も諦めて、社会と理科の教科書の太字をひたすら繰り返して読ませました。お母さんには、内申点で配慮してもらえるように、なんとか学校の先生に頼み込むよう伝えたところ、ニコニコ笑う穏やかな子だったおかげか、内申点が10点満点で4という、その子の成績から考えるとあり得ない点数をもらうことができました。

そして受験日前日。

「わからなくても何か書け。空欄のまま残すな。『あ』でも『い』でもいいから何か書け。正しいかどうかわからなくても、暗記した何かを書け。あとは名前を書き忘れるな。いいな！」

問題文を読んで理解することすらできないので、特訓しても正答率は上がっていませんでしたから、そう指導するしかありませんでした。


結果は、公立高校に合格。受験の後、テスト問題になんと答えたのかも覚えていなかったので、入試はほぼ0点だったと思われましたが、内申点が比較的良かったのが功を奏したのでしょう。テスト用紙にともかく何かを書いていたという意気込みも評価してもらえたのかもしれません。

しかし課題はこれからです。このままでは高校の授業にとてもついていけるはずがありません。親子で合格の挨拶《あいさつ》に来てくれたとき、その子にこう伝えました。

「君はとても言葉が遅れている。高校に入ったらともかくしゃべりなさい。君はいままで、人が話すのをニコニコ笑って聞いているだけだったけど、高校では自分からしゃべりなさい。人にしゃべらせるな。自分が最初に、『あー』でも『うー』でもいいから、しゃべるようにしなさい。そしてその日あったことを、お母さんに報告しなさい。お母さんは仕事でお疲れで大変かもしれないけれど、言葉を取り戻すためにはどうしても必要な作業です。どうか我慢強く付き合ってやってください。どうだい？　できるかな？」

その子は、特訓の間にようやく言えるようになった「はい」を、はっきり口にしました。

それから2年以上連絡がありませんでしたが、高校3年生になったある日、ひょっこり塾に顔を出しました。そしてそれまでの出来事を説明してくれました。理路整然と、わかりやすく。部活ではキャプテンになり、生徒会長も務め上げ、高校では学年トップの成績で、先生から大学進学をすすめられていること。声もろくに出せなかった子が、見違えるように立派な青年になって現れました。

その子の指導は1年に満たないわずかな期間です。言葉の遅れが赤ん坊の頃の過ごし方に原因があることをつきとめたこと、そして適切な処方箋《しょほうせん》かどうかわからぬまま「ともかく話せ、そしてお母さんにその日あったことを説明しろ」と伝えただけです。しかしどうやらこの子は、そのアドバイスを愚直に実践したのでしょう。15年間磨かずにいた言語能力を取り戻し、教師から大学進学をすすめられるまでになりました。

もう一人の事例を紹介します。その子は公立中学の定期テストで平均20点台と、成績が振《ふ》るいませんでした。しかし小学校の算数の出来を調べると、分数も計算できることから、それほど苦労せずに勉強できるはずなのですが、どうもうまくいっていませんでした。そこで、何でつまづいているのか、一つ一つ確認していきました。

図形の問題を前にして「垂直って知ってる？」と聞くと、首をかしげました。言葉を知らないだけかと思い、「ほら、棒をまっすぐ立てたら倒れにくいだろ。それが垂直」と言うと、まだ不思議な顔をしています。私はそこでハッとしました。

「君、一緒に折り紙を折ってみよう」

その子の顔が一瞬曇《くも》りました。

折り紙を対角線で折って、三角形にしました。

「同じようにやってみて」

……できませんでした。目の前でやって見せたのに。

「角と角を合わせるんだよ」とアドバイスしても、それができません。どうやら、図形認識が極端に苦手なようでした。

そこで私は、もう一度その子がご両親の前で折り紙を折る様子を見せてから、次のようにアドバイスしました。

「料理を手伝うようにさせてください。キュウリを斜めに切ったり、ジャガイモの皮をむいて切ったり、豆腐を切ったり。料理は図形の体験を積むのに最適です。この子は図形認識がとても苦手なまま育ち、それがさまざまな学習の妨《さまた》げになっていたようです。体験を積んで図形を理解できるようにしましょう」

その子は高校卒業後、工業系の仕事に就いたそうです。図形が認識できなければとてもできない仕事を選んだのがおもしろいと思いました。

二人とも、私は何もしていません。本人が努力した結果です。

ただ、私は**本人がどこでつまづいたのか、観察から見つけ出し、「それを自分で改善してごらん」とアドバイスしただけです。**朝顔の芽生えに棒を一本立てるように。**少し背伸びすれば「できる」に変えられそうな「できない」を本人に示すと、子どもは自然に、自分を生まれ変わらせるきっかけをつかみます。**

最初の子どもに必要だったのは言葉を鍛えること、二人目の子どもは、図形に関する体験を積むこと。これに気付けなければ、いくら勉強させても学力が積み上がらなかったでしょう。**その子がどんな課題を抱えているかは、その子にさまざまなアプローチをしてみて、探るしかありません。**

お医者さんが患者に「どんなふうに苦しいですか？」「いつから症状が出ていますか？」

と問診するのと同じように、子どもが抱えている問題も、ああでもない、こうでもないといろいろ試すうちに見えてきます。むしろ、魔法のような治療法はないのですから、間違えてもいいので、二度三度とじっくり観察を続けてみてください。それが、最善で、最良で、最速の方法です。子どもも、親が自分を理解しようと見ていてくれることはきちんと感じ取ります。それはいい影響を与えるはずです。

「観察」は、子育てにおいてとても重要なコツです。それにはまず、算数でどこにつまづきがあるかを探してみてください。

POINT 37

勉強の苦手な子は小学校の算数などを復習しつつ、観察し、つまづくパターンを見極める。子どものつまづきの原因が何なのか観察から探りましょう。

Q38 教えたその翌日には全部忘れています。

A 「教えない教え方」にしましょう。

私はもともと、「教えすぎる」指導者でした。京都大学に入学してテングになっていました。自分の受験テクニックをそのまま子どもたちに伝えれば、必ず成績は伸びると信じていたわけです。また、私は中学生まで成績が悪かったので、勉強の苦手な子にわかりやすく教える自信がありました。

実際、子どもたちは「ものすごくよくわかった！　こんなふうに説明してくれればよかったのに！」と感動してくれます。

ところが翌日になるときれいに忘れていました。懲《こ》りずにもう一度説明すると、「ああ、思い出した。あれね、あれ。もう大丈夫」と答えますが、また翌日には忘れます。

どうやら、わからなければまた私に聞けばいいや、という心理が芽生えるようです。私が丁寧に説明すればするほど、理解しやすく話せば話すほど、子どもたちは自分の頭で考えなくなり、言われた通りにすればいいやと、記憶しようとさえしなくなりました。受け身で話を聞いただけでは、記憶に残りにくいのです。

あるとき、いっそ一切教えないことにしてみました。

「ねえこれ、どうやればいいの？」

「教科書を見てごらん」

「いや、わからないから聞いてるんだけど」

「大丈夫。読めばきっとわかる。教科書の中で似ている問題がないか、探してごらん」

子どもは仕方なく、教科書を広げるふりをします。そして私の目をのぞきながら、

「このへんかなあ」

探りを入れます。

「そう思うなら、そのへんを読んでごらん」

そう答えると、やったた、ヤマカンが当たったと喜びますが、全然見当違いの内容です。

「だましたな！　ねえ、ヒントちょうだい！」

「似ている問題を探してごらん。大丈夫。必ず見つかるから」

「ヒントだけでいいって言ってるでしょ！　なんで！　そのくらい教えてくれたっていいでしょ！」

とうとう、怒り出します。それでも、

「**大丈夫。君ならきっと理解できる。**教科書を読んでごらん」

「わからないって、言って！　いる！　のに！」

ついに、かんしゃくを起こし、泣き出す子もいます。

少し落ち着くのを見計らってから、

「大丈夫。君ならわかる。やってごらん」

そこまで来ると、「本当にこの人は何も教えてくれないんだ」と観念して、これ見よがしのため息をつきながら、教科書を最初からめくります。私とはもう目も合わせたくない、という様子で。しばらくすると、困っていた問題とそっくりの例題が見つかります。

「先生、ここ、そっくり」

「**お、よく気がついたね。**じゃあ、そこを丁寧に読んでごらん。そしてその例題を参考にしながら、その次にある基礎の問題を解いてごらん。それができたら、僕に見せて」

じっと例題を眺め、よくわからないところはもう一度読み返して。そして例題を見よう見《み》真似《まね》しながら、基礎の練習問題にチャレンジ。私に提出。

「正解！　よくここまで頑張ったね」

そう言うと一気に晴れやかな顔になります。

「ここ、そっくりだと思ったんだよね！」

急におしゃべりになります。

「教えてないのに、よく気がついたね。他の問題も同じように解けるか、やってごらん」

そう言うと、今度は「うん！」と、元気な返事が返ってきます。

こうなると、次々と自分で問題を解いていきます。もし間違えると、ものすごく悔しがっても一度自分の力だけで解こうとします。今度は教えてもらうのを非常に嫌がります。教わらずに自分の力だけで解けたことがうれしくてたまらないからです。

自分が主体的、能動的に動いて、「できない」が「できる」に、「知らない」が「知る」に変わる経験をすると、ますます自分から学ぼうとし、教えてもらうのをむしろ嫌がります。

また、自分で「発見」した内容は、一度理解すると二度と忘れません。「自分の力で見つることができた」という感動が伴うからです。

能動的な学習を促すには、「教えない」ことが大切です。ただ、何もかも教えないのではあまりに闇雲《やみくも》すぎて、子どもは立往生《たちおうじょう》してしまいます。教科書を読めばわかる、というヒントくらいは出してやる必要があります。そして、**教えないといっても、そばにいることが大切。様子を見守る目が、挑戦する意欲を維持するベースになります。自分の力で成し遂げたとき、感動を共有してほしいからです。**

「教えない」といっても、何もしないわけではありません。どこを「不思議」に思えばよいか、「目の付けどころ」を指摘すること。そして本人に考えさせること。これが親や教師の役割です。目の付けどころをヒントに、子どもは自力で解決しようとします。

ただし、自力ではどうしても「できる」ようにならないことがあります。これは、割り算ができなければ分数ができないように、基礎ができていないためです。たとえば子どもが中学生だったとしても、小学校の内容でつまずいているなら、中学校の内容から始めることは無理な話です。

「教えない教え方」で重要なのは、少し背伸びすれば「できる」に変えられるよう

な「できない」のところまで戻ることです。これは、どこから「できない」のかわからないでいる子どもには難しいことなので、大人の側がいくつかの課題を与えて観察し、つまづき始めた箇所を突き止めましょう。そして少し背伸びすれば「できる」に変えられるところから学力を積み上げていく必要があります。この点についてはQ37で詳しく紹介しています。

POINT 38

わからないことは、
自分で教科書から探させましょう。
自分で見つけて解けるまで、
そばで見守ることを忘れずに。

Q39

解き方を丁寧に教えているのに、しっかり聞きません。

A　子ども本人が「答える」部分を残すようにしてみましょう。

離乳食を始めた娘。食事に集中してほしいのに、よそ見をしてちっとも食べてくれません。むこう向きの娘の口に、見当をつけてスプーンを運びますが、口が閉まっていて大失敗。

ふと思いついて、口までスプーンを運ぶのをやめました。娘から5センチ離れてスプーンを空中停止。娘は食べ物が口まで運ばれてこないことに気がつき、口を開けました。しかし私は5センチ離れたまま。すると娘のほうからスプーンに近づいてパクつきました。

次のスプーンも口先5センチで停止。娘は首を伸ばしてパクリ。それからはよそ見をしなくなり、食事に集中してくれました。

実は、全部教えるということは「口まで食べ物を運ぶ」のと同じです。自動的に口まで運ばれてしまうと、子どもは自分ですることがありません。ヒマです。だから「おもしろいこと探し」を始めます。よそ見ばかりするのはそのためです。

しかし自分から食べにいかないとダメなら、「おもしろいこと探し」をするヒマがなくなります。食べることに集中せざるを得なくなるわけです。

教えるときも同様です。**全部教えるのではなく、子どもが自分で考え、答えなければならない部分を残す、そういう「教えない」部分を残すのです。ヒントは出しますが、「ということは?」と問いかけます。すると、子どもは自分で考え、答えざるを得ません。よそ事を考えるヒマはなくなります。最後に質問が来るので、途中の話もきちんと聞くようになります。**

この教え方のコツは、「待つ」こと。これだけヒントを出せばすぐ正解を出せるだろうと思ったら大間違い。見当違いの答えが出ることが非常に多いです。「こんなにヒントを出しているのに! 素直に考えてよ!」といら立ちますが、そこで正解を言ってはいけません。ヒントは出しても、答えは必ず子どもに言わせましょう。

ときには正解にたどりつくのに1時間かかることもあります。Q32でも述べたように、勉強が苦手な子は難しく考えすぎてしまうことが多いためです。十分にヒントを出されても「そんな簡単な答えのはずがない。きっと引っ掛け問題だ」と警戒して、あえてややこしく考えます。

でも、その回り道を一緒に散歩しましょう。最初に1時間かかるくらい、大したことはありません。難しく考えすぎて正解になかなかたどり着かなかった経験に何度か付き合うと、本人も素直に考えたほうがいいんだな、ということを経験的に理解します。「勉強って、こんなに素直に考えていいの?」と、驚く子が多いです。それ以降は、比較的素直に考えられるようになります。

ヒントを十分出したのに答えがスッと出てこない場合、基礎のところでわかっていない可能性があるので、注意が必要です。

以前にこんなことがありました。パソコン初心者に「画面の矢印を右上の角に」とアドバイスしたら、その人は机の奥の端までマウスを動かし「これ以上無理だよ! どうしたらいい!?」マウスを上に持ち上げて、手元に戻してよいということを知らなかったのです。教える側としては「まさか、そこから?」とずっこけたのですが……。

このように、わかっている人には当たり前のことが、わかっていない人には想像もつかない方法だったりします。教える側は、その子に何の知識・体験が抜けているのかを見抜き、必要な知識・経験を埋め合わせる作業が必要です（これについてはQ36、37で述べました）。その場合も、本人が答える部分を残すようにします。

「以上がヒントだけど、だとしたらこれは？」

能動的な部分を必ず残すこと。ヒントは出しても、答えは子どもに言わせること。答えが出るまで、ニコニコ笑いながら付き合うこと。 親がそれさえできれば、子どもは自分から解答にたどり着くために、とことん考えるようになります。

POINT 39

子どもが自分で考えて解答を導く楽しみを味わえるよう、親が教えるのは、ヒントにとどめて。

Q40 漢字や英単語などの暗記が苦手です。

A 記憶力は「他人」だと思って、「えんぴつ読み」を試してみるといいですよ。

理科や社会は、暗記しなければならないことが大変多い教科です。入試改革で暗記物をなるべく減らすことになっているようですが、暗記しないといけない部分はどうしても残るでしょう。

そんなとき、優れた方法が「えんぴつ読み」です。これは予備校の先生もすすめる方法ですから、特別なことではありません。私自身、大学受験では、理科と社会の教科書を二百回以上はえんぴつ読みしたと思います。慣れてくると分厚く見える高校の教科書でも20分で読み終えられますから、繰り返すのもあまり苦にならない方法です。

えんぴつ読みとは、教科書や参考書などの文字を、えんぴつを一定の速度で動かしながら、下線を引くようになぞり、単語集なら1時間で読み終えるペースで進めます。

ところで、勉強の苦手な子でも、大好きな漫画の印象的なシーンを聞いてみると、どの子もセリフを一文字も間違わずに暗記しています。次のページでどんな展開があるのかも説明してくれます。それくらいしっかり記憶しているのに、英単語のように興味がないことは覚えられません。このことをきちんと意識すると、どうやって記憶すればよいかが見えてきます。**「印象」を少しでも残すようにする**わけです。

「shy（弱気）」という単語を見たら、引っ込み思案で顔を赤らめている子を思い浮かべ、「government（政府）」なら総理大臣っぽいおじいさんを想像したり。周りに人がいないなら、「gentle（穏やか）」を見たときには優しいおじいさんのような顔をしてみたり、「struggle（もがく）」なら、苦しそうに崖を登るジェスチャーをしてみたり。**イメージを膨らませて印象深くしたり、体を動かしてさらにその印象を強めたりする**ことで、記憶に残りやすくなります。

「えんぴつ読み」が意外に効果的なのは、逆説的ですが「無理無理、そんなやり方じゃ覚えられるわけない」という言い訳ができる読み方だからです。えんぴつ読みだと、一つの単語を1秒か2秒しか見つめていません。なのに一度えんぴつ読みをした後、眺め直してみると、見覚えがある箇所がところどころ見つかります。まさか覚えられるわけないと思っていたからこそ、このことに驚き、感動すら覚えます。その感動が、記憶力をさらに高めます。

感動や驚きを伴《ともな》った、うれしい気持ちで繰り返すから、記憶がますますスムーズに進みます。見覚えがあったり、意味までわかるものが出てくるからうれしくなり、うれしいからまた繰り返す気になる好循環。その好循環が、記憶力をさらに高めます。感動が記憶の接着剤になるのです。

記憶力というのは、「記憶力さん」と他人のように考えるくらいがいい、と私は思っています。覚えてほしいのに覚えてくれない。思い出してほしいのに思い出してくれない。そうかと思えば思い出したくないことを思い出し、覚えたくもないことを覚えてしまう。そういう意味で、記憶力は自分のもののようでいて、他人と同じように思うようにいかないものです。

記憶力が高まるのが気分が良いときだと考えると、ますます「記憶力さん」と他人扱いしたほうがよいようです。「記憶力さん」なんて言うとファンタジーな話に聞こえるかもしれませんが、それなりに根拠があります。

ビジネスの現場でも広く普及している「コーチング」と呼ばれる指導方法を編み出したW・ティモシー・ガルウェイ氏は、自分の中には二人の自分がいると考えています。それぞれセルフ1、セルフ2と呼んでいるのですが、前者は「意識」、後者は「無意識」と考えて差し支えないようです。

ガルウェイ氏によると、意識（セルフ1）は悪態をついてばかりの存在だといいます。「あ、何やってんだ、お前！　ヘタクソ！　ちゃんと見てんのか！　見ていてこの有様か！　あれだけ練習したのにまだ覚えていないのか！」と自分で自分を罵《ののし》るわけですが、罵るのが得意なのが「意識」です。

無意識（セルフ2）は体をどう動かすとか、思考の進め方とか、記憶をしたり記憶を引き出したりなど、ほぼすべてをつかさどっています。

大人になれば、箸《はし》を使ってごはんを食べるのも無意識にできるものですが、たとえばお見合いのようなかしこまった席だと、箸遣《づか》いを失敗しないかと「意識」したとたんに動きがぎこちなくなります。「意識」はアラ探しがとても上手で、「無意識」が体を操作するのにいちいちケチをつけ、罵ります。「ヘタクソ！　もういい！　俺がやる！」と、「意識」が体を操作する主導権を握ると、ますます動きがぎこちなくなってヘタになり、ついには「俺のヘタクソ！」と自分を罵り、自己嫌悪に陥るというよくあるパターンになります。

記憶も同じです。記憶するのも、記憶を引き出すのも、やってくれるのは「無意識」です。「意識」はあれこれ注文がうるさい割に、何もできない存在（得意なのは「観察」くらい）。ならば、「意識」は「記憶力さん」という無意識の一部の働きを邪魔せず、むしろ「記憶力さん」が機嫌よく働くよう、お膳立てすることに努力を傾けたほうがよいことになります。

暗記しなければならない単語があったら、「覚えろ、このやろう」と念じるのは無意味です。その単語を見たときにできるだけ印象に残るようなおもしろいことをイメージしたり、体を動かしたりしたほうが「記憶力さん」は印象に残り、記憶してくれやすくなります。

NHK・Eテレに「びじゅチューン」という短い番組があります。モナリザをお局《つぼね》OLにたとえたり、オフィーリアというシェイクスピア作品の登場人物を背泳ぎの選手にたとえたり、どう考えても芸術作品をおちょくっているとしか思えないふざけた動画と「へたうま」な歌が流れるものです。

しかしあまりに強い印象が残るため、息子は4歳で、モナリザもナルキッソスも姫路城も富士《ふじ》御神《ごしん》火《か》文《もん》黒《くろ》黄《き》羅《ら》紗《しゃ》陣《じん》羽《ば》織《おり》も覚えてしまいました。そして図鑑や伝記でそれらのキーワードを見つけると「あ！　ナスカの地上絵！」などと叫んでいます。

漫画やアニメのシーンを印象深く記憶するように、暗記物もできるだけ楽しんでしまったほうがよいということがわかってきたからこそ、昔のＮＨＫ教育テレビからは考えられないほど、良い意味で「ふざけていておもしろい」教育番組を増やしているのでしょう。

暗記物は「覚えなさい！」じゃなく、覚えずにいられない楽しみ方を工夫してみましょう。

POINT 40

「無意識」が邪魔されず最大限の能力を発揮されるように、「意識」のほうから「おもてなし」をしましょう。

Q41 何度言っても、ちっともできるようになりません。

A 「入力」と「出力」は別物です。「出力」には時間がかかります。

私の講演を聞き「感動したので、会社のみんなに説明したい」と言ってくださった方から電話がかかってきました。

「社内で説明しようと思ったら、全然できなくて。もう一度話を聞きに行っていいですか?」。もう一度会って話すと、今度はキーワードをたくさんメモして帰っていきました。

話を聞いたときにはわかった気になったのに、いざ他人に説明しようとすると言葉が出てこないということはよくあります。「その話はもう聞き飽きましたよ」と学生が言うので「じゃ、説明してみて」と言うと、ウッと口ごもります。わかった気になっていたフレーズがまったく口から出てきません。そんな体験は、皆さんにもあるのではないでしょうか。

息子は字の読み書きが非常に早かった（1歳9カ月で数字とローマ字を読み、2歳10カ月で漢字を書き始めた）のですが、観察していておもしろかったのは、「読めても書けない」という状態が長く続いたことです。

特に「F」が書けるまでの過程は興味深いものでした。「E」は、縦棒の上と下と真ん中に横棒が突き出ていることがわかりやすいようで早くに書けましたが、Fは「縦棒の右側に何本か棒が出ている」というあいまいな認識だったらしく、くしのように何本も横棒を書いていました。でも「おかしい」とは気づいていたようです。

ある日、Fを観察して「一番上の横棒のほかに、横棒をもう1本」ということを「発見」し、ようやくFが書けるようになりました。

記憶というのは、入力と出力で全然違うようです。大人でも、読めるけど書けない漢字があります。**人間の脳は、見る、聞く、理解するという「入力」の部分と、見たものを書く、聞いたこと理解したことを話すという「出力」の部分との間に、連絡があまりない**ようです（古本英晴、2001、「漢字書字と仮名書字の差異」『失語症研究21』（2）、

142～151）。

あるとき、ラジオを聴いていたら、芥川賞作家の又吉直樹《またよしなおき》さんが視聴者からの「どうしたらうまい文章が書けるようになりますか」という質問に対し、「うまい文章は書けないけど、たくさん本を読むと、文章がなんか変だということがわかるようになる。だから読み返して良いと思えるまで書き直すのだ」と答えていました。

これは、**「入力」は鍛えやすいけれども「出力」は鍛えにくく、「入力」能力で出来栄えを検証しながら何度も「出力」し、練習するしかない**ことを示しています。

子どもの「出力」を鍛えようとするならば、親があれこれ口を挟まないことが重要です。自動車教習所の口やかましい教官を思い出してみてください。たたみかけるように指示してきたり、間違えると「危ない！　そうじゃないだろ！」と怒鳴られたり……。すると運転に集中するより、教官の言葉を聞き逃すまい、怒られまいというほうに意識が取られて、余計にうまくいかなくなります。

教官が取るべき望ましい方法は、生徒に**「次、どうしたらいいですか？」と聞かれても、すぐに答えを言うのではなく、「一通り教えたから、思い出せばわかるよ。落ち着いて思い出してごらん」と考えさせる**ことです。落ち着いて考えることで、自分が目の前にしていることに意識を集中できます。すると、いろんなことを思い出しやすくなります。

これは学習も同じです。あれこれ細々《こまごま》と教えるより、本人になるべく考えさせましょう。**「基本的なことはもう君はわかっているはずだ。先生（お母さん、お父さん）の目の色ばかり追わないで、いま、目の前にしている問題のことだけを考えてごらん」。そばで見守りながら、その子が自ら動き出すまで待ちます**。すると、自分の力でああでもない、こうでもない、と試行錯誤し始めます。自分が探して見つけた方法は、忘れません。

出力を鍛えるためには、子どもが落ち着いて考える余裕を奪わないようにしましょう。何かを教えるときには、一通りを教え終えたら、あとは本人が自分の力でそれをなぞり始めるまで、じっとそばで待っている辛抱強さが必要です。

中国古典の一つ『礼記《らいき》』には、学習レベルを示す「蔵《ぞう》」「修《しゅう》」「息《そく》」「游《ゆう》」という言葉があります。

「蔵」とは、知識をひたすらため込む作業のこと。丸暗記とか、本をたくさん読むとか、先生の話を聞くとか、つまり「入力」の段階です。この段階で「うんうん、わかったわかった。もうできるよ」と思ってしまう子どもも多いのですが、実際には大してわかっていません。

そこで次の段階「修」に進みます。これは練習を繰り返すということ。たとえば自動車の運転で、ギアをパーキングからドライブに動かすときはブレーキを踏んで……と、「入力」の際に覚えたことを、実践の中で繰り返し体に叩き込む過程です。最初は動きがぎこちないですが、何度も練習するうちに、動きがスムーズになります。これは学習でも同じで、例題を読んで理解したら練習問題を繰り返し、スムーズに問題が解けることを目指します。

練習を重ねると、「息」の段階に進みます。たとえば車の運転では、何度も運転を繰り返すうち、友達とおしゃべりしながらでも無意識に一連の操作ができるようになります。無意識に呼吸（息）をするのと変わらないぐらいにできるようになるまで練習を重ねる、ということです。

こうして完全に自分の技術としてマスターしたら、「游」の段階に至ります。マスターした技術を駆使して遊びを自ら創造できるようになる段階です。たとえば学校の学習内容なら、自分で問題をつくって自分で解いてみる、というような感じです。

「蔵」は「入力」だけだから簡単ですが、「出力」は「修」「息」「游」の三段階を経ないとうまくなりません。遥《はる》か昔から、「出力」には習得に時間と手間がかかることを、人間は認識していたのですね。

ですから「さっき教えたでしょ！　なんでできないの！」と叱るのは、ナンセンス。教えてもすぐにはできるようになりません。できるようになるには、本人が本人の意思で、本人の頭で考え、自発的に動くことが必要です。

「できる」ようになるまでには、かなり段階を踏まなければならないのは人間皆同じなのですから、せかさないのが子どものためですし、焦る必要は全然ありません。

POINT 41

「出力」がうまくいくまでには、
時間も努力も必要なのは、みんな同じです。
おしりを叩くのではなく、
子どもが「出力」に
集中できる言葉をかけましょう。

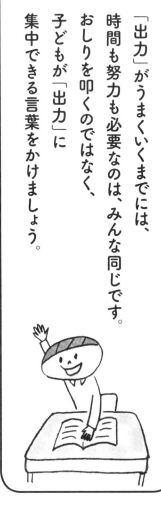

Q42

数学の文章問題が苦手なようです。

A 文章に出てくる数字をマルで囲んでみましょう。

私は数学の文章問題が大の苦手で、解けるようになったのは中学3年生になってからです。たった3行の文章問題でも、3行目を読む頃には1行目に書いてあったことを忘れており、もう一度1行目から読み直すことを繰り返していました。

「太郎君は時速4キロで歩いて駅へ、花子さんは時速10キロで自転車に乗って駅へ」という文章を読むと、「花子さんも太郎君を自転車に乗せてあげればよかったのに」と、どうでもよいことが気になりました。「太郎」や「花子」が問題を解くのに必要な情報のような気がして、わけがわからなくなっていました。

Q32でも説明しましたが、勉強が苦手な子は、昔の私によく似て、難しく（余計なことまで?）考えすぎていることが多いのです。文章の中にある数字以外の情報を捨てられずに、それらをどう処理したらよいのか途方に暮れてしまいます。

先生から「文章問題は、数字をマルで囲みなさい」と言われたのが解けるようになったきっかけでした。そんなことは意味がないと最初は思っていたのですが、試してみたら効果てきめん。数字以外の情報が気にならなくなって、数字と数字の関係だけ注目すればよいことがすんなりわかるようになりました。

私が指導してきた勉強が苦手な子も、単純なことが理解できないというより、難しく考えすぎてパニックに陥《おちい》っていることがほとんどでした。せっかく先生がヒントを出しているのに「きっと引っ掛け問題に違いない、そんな簡単なやり方のはずがない」とあえてややこしく考えるクセがついています。そのせいでわざわざ間違えてしまいます。

難しく考えすぎるなら、シンプルに考えやすいように工夫する必要があります。数学の文章問題で数字をマルで囲むというのは、とても単純ですが、効果は大きいものです。文章問題が苦手な子には、これをすすめてみてください。

POINT 42

余計なことに意識がいかないように、
集中すべき部分がわかる工夫を
アドバイスしてあげてください。

Q43 あたふたと混乱して失敗ばかりします。

A 勉強の苦手な子は過度に緊張します。まずは、緊張を緩《ゆる》めてあげましょう。

勉強が苦手な子の場合、大人の言葉に過敏に反応する傾向があります。「違う！　さっき教えたばかりでしょ！　こうでしょ、こう！」。すると子どもはうろたえ、表面上は課題に向き合っているように見えて、内心は大人の次の言葉を聞き漏《も》らすまいと緊張しています。そのせいで手元がおろそかになり、さらにうまくいかなくなってしまいます。

まずは一通りのことをやって見せ、その記憶が消えないうちに自分ひとりでやってもらいます。やり方を教えてすぐだったら、どの子もまだやり方を覚えています。しかし勉強の苦手な子は、「違う！」とドヤされるのではないかとビクビクしていますから、「これでよかったっけ……？」と気弱そうに聞き直すことが多くなります。そんなときは緊張を解きほぐす必要があります。**「どうだったっけ。落ち着いて思い出してみて」**とだけ言って、見守りましょう。教えたばかりですから、落ち着けば思い出せます。

それでも「こうだっけ？」と再びお伺《うかが》いを立ててくることが多いです。**「そう思ったのならそうしてごらん。失敗してかまわないから」**と伝えると、聞いても無駄であること、失敗してもドヤされる心配はないことに気がつきます。すると、安心して記憶をたどろうとします。自分がいま、何をしているのかを観察する余裕も取り戻します。やがて、たどたどしくてもやり遂げます。やり遂げればうれしくなります。自分で考え、成功したので、記憶が定着しやすくなります。次第に大人が何を言い出すかに怯《おび》える様子が消え、自分が目の前にしていることに意識を集中できるようになります。

これは、「教えない教え方」（Q38）で紹介した方法とまったく同じです。

ちょっと変なたとえですが、上田秋成《うえだあきなり》の『雨月物語』のお話を紹介しましょう。

ある罪人が打ち首になる前、「俺が死んだら全員呪い殺してやる」と呪いの言葉を吐きました。あまりの形相なので、その場にいた人間はみな気味悪がりました。そこで代官が「それが本当なら、首だけになった後、その石にかじりついてみろ」とけしかけました。そして打ち首。コロコロと首が転がると、みごと石にかじりつきました。

現場は大パニック。「本当に石にかじりついた！　呪い殺される！」。ところが代官は平気の平左《へいざ》です。どうしてそんなに冷静なんです？と一人が尋ねると、代官は「あいつは石にかじりつくことに必死で、呪い殺すことなんか忘れていたさ」と笑ったというお話。

私たちは、**意識が強くフォーカスしすぎると、他のことはすっ飛んでしまう**ということが起きます。**不器用なために、これまでよく注意されてきた人は、目の前の作業よりも注意する人の「口」に意識を集中させ、自分がいま何をしているのかを把握する余裕を失っています。**

不器用な子がますます不器用になる原因のほとんどは、**「意識の過度な集中」**です。「これ以上叱られたくない」と思いすぎて、注意する人の「口」に集中してしまうのです。この場合、上達することはすでに諦めています。「一言一言、言う通りにするから叱らないでね」としか考えられなくなっています。

しかし、「落ち着いてやればできるんだ」という成功体験を一つ一つ、容易なところから積んでいけば、親の言葉に怯え、親の「口」にばかり意識がフォーカスするクセが抜け、心のこわばりが取れていきます。萎縮していた心がほどけ、「できる」自信がついてくれば、不器用だったはずの子も、決して不器用とは言えなくなります。学習効率が飛躍的に良くなるからです。

不器用な子が見せる「失敗」は、実はとても大切な「体験」であり、データだと私は考えています。人工知能の研究、なかでも、答えを人間が教えずに機械自身に答えを見つけさせる深層学習の研究でも、「物をつかむ」ためには多くの失敗を経験させる必要があるそうです。

赤ちゃんも人工知能と同じことをやっています。私の息子も娘も、最初はおせんべいを縦にして食べようとしていました。私はそれを正そうとはせず、おもしろがって見ていました。あるとき、たまたま横にして口に入れると簡単だということを「発見」すると、せんべいが横になる確率が徐々に高くなりました。それでも手首をどう返したらよいのか、赤ちゃんはまだ試行錯誤の最中のようです。幾多の失敗を重ねた後、せんべいを横にする手首の返し方を習得し、ようやく毎度横にして食べられるようになりました。

学習には、失敗も含めた「ゆらぎ」が必要です。一度に正解にたどり着くよりも、正解の

「周辺」で何度も失敗を重ね、「どうやらこのやり方がいいみたい」ということに気づくほうが、「学び」の効果が大きくなります。失敗を重ねた上で獲得した能力は、豊穣《ほうじょう》な体験（データベース）を背景にしているので、後々応用力を発揮するための「引き出しの多さ」につながるでしょう。

もし間違いを許さず、失敗を一切せずに正解だけを覚えさせようとすると、「プログラム通りにしか動かないロボット」と同じになります。少し状況が変わっただけでうまくできなくなる、融通《ゆうづう》の利かないロボットと同じになってしまいます。間違いをおもしろがり、膨大な失敗のデータを積み上げるからこそ、どんな角度で物が転がっていてもつかめるロボットに成長するのと同じように、赤ちゃんは失敗を恐れず、重ねるからこそ応用が利く能力を身に着けます。

これは子どもが大きくなっても一緒です。危険がなければ間違ってもかまわない。だから落ち着いてやってごらん。そんなふうに見守ってくれさえすれば、緊張でこわばっていた子どもでも、徐々に、しかし確実に成長を始めます。

POINT 43

「また注意される」と怯えなくていいことを
伝えるだけで、
子どもは徐々に落ち着いて、
失敗も減っていきます。

Q44 国語の勉強の仕方がわかりません。

A 1日に2、3行、簡単な新聞記事を書き写して、文節と品詞を学ぶといいですよ。

国語はよく、点数を上げるのが難しい教科だと言われます。確かに、国語は読書をするなど、たくさんの文章を読むことで基礎的な言葉の力を養うことが大切なので、他の教科と比べ、どうやって勉強したらよいのかわかりにくい教科です。

しかし私は、読書と、これから紹介する文法の学習法をすれば、国語でもかなり成績を上げられると考えています。

ここでは、手っ取り早い文法の学び方を紹介します。
たとえば夏目漱石の小説『吾輩は猫である』の一節を使って説明していきます。
■手順1：まず最初に、文章を書き写す。
吾輩は猫である。名前はまだない。
■手順2：文節ごとに、横棒で区切る。
吾輩は｜猫で｜ある｜。名前は｜まだ｜ない｜。
■手順3：自立語に傍線、付属語に二重線を引く。
吾輩｜は｜猫｜で｜ある｜。名前｜は｜まだ｜ない｜。
■手順4：単語ごとに、横に品詞を書き込む。

吾輩《名詞》—は《助詞》—猫《名詞》—で《助動詞》—ある《動詞》—。名前《名詞》—は《助詞》—まだ《副詞》—ない《形容詞》—。

■手順5：品詞の横に、さらに、それぞれの細かい分類を書き込む。

吾輩《名詞（代・人称）》—は《助詞（副）》—猫《名詞（普通）》—で《助動詞（断定連用形）》—ある《動詞（ラ行五段終止形）》—。名前《名詞（普通）》—は《助詞（副）》—まだ《副詞》—ない《形容詞（終止形）》—。

こんなふうに、**1日に2、3行でよいので、新聞記事の文章などを写し、もし、お願いできるようであれば学校の国語の先生にチェックしてもらってみてください。**

教師に頼めない場合は、国語の教科書や国語辞典の最後に、品詞の一覧表がありますから、それを参考にして親が見てあげるとよいでしょう。

最初のうちはできないのが当たり前なので、品詞も適当に書き入れるのでもかまいません。それでも先生に添削してもらうことで、次第に名詞がものの名前のことであり、副詞や形容詞が後に続く言葉を修飾して、意味内容を豊かにする言葉なのだということもわかってきます。

国語はあまり有効な学習法がないと言われますが、こと文法に限って言えば、この愚直な学び方はかなり有効です。

「こうした学習法をやってみたいから、添削をお願いします」と国語の先生に頼んでみたら、だいたい引き受けてくれます。塾の先生に頼んでもよいでしょう。

私は国語が苦手だったのですが（50～60点台）、この文法の学習法と読書のおかげで、文章の仕組みがよく理解できるようになり、中学を卒業する頃には最高で98点を取れるようになりました。やってみる価値はあります。

POINT 44

国語文法は文章の構造を理解するのに役立ちます。文法をコツコツ身につけると国語力が向上し、他の教科の成績も伸びやすくなりますよ。

COLUMN

マインドマップのすすめ

私は京都大学に「三度目の正直」で合格しました。センター試験の点数は9割方取れていたのですが、二次試験の筆記試験がチンプンカンプンだったのです。

特に数学は、どこから手をつけたらよいのかわかりませんでした。私は不器用なタチだったので、数学の教科書に書かれている公式や例題の解き方を丸暗記したものの、それでは全然太刀打ちできませんでした。

センター試験は教科書を丸暗記すれば、それをもじったような問題しか出てきませんが、京都大学の試験問題は、教科書にも問題集にも似たものが一つもないものばかりですから、「暗記した解き方のどれに似ているかな」というやり方は通用しません。それでいて、公立高校で習うツールだけで解けるようにつくられているという、実に憎ったらしい問題でした。

問題文はたったの1行で書かれていて簡単そうに見えるのに、それを証明しようとするとA4の紙の表裏を使っても足りないほど、とてつもなく長々とした論理をつなげないといけませんでした。

もう後がないという三度目の試験で、私はマインドマップを取り入れることにしました。英語の呼び名だとなんだか特別な方法に感じますが、要するに漫画の吹き出しみたいにマルの中に短い言葉を書き、その言葉から連想されることを別のマルで囲み、関係するもの同士を矢印で結ぶという単純な方法です。

これのおかげで、それまで大の苦手だった「論理的に考える」ことが容易にできるようになりました。たとえば動物の分類で、

「は虫類は主に陸上で生活する変温動物で、卵を産み、肺呼吸をする。ほ乳類は恒温動物で、母乳を与え、肺呼吸をする」

と文章で書くと、なんだかダラダラとしていて、子どもに教えた後に「は虫類とほ乳類の違いは?」と質問すると、大概答えられません。

しかし次ページの図のようにマインドマップにしてみると、違いが視覚的に認識できます。論理を「つながり」として視覚化することで、論理的に考えやすくなります。これは、子どもの論理思考を育てるのに、とても役立ちます。

文章の場合

「は虫類にはワニやトカゲ、ヘビ、カメ、ヤモリなどが含まれる。
ほとんどが変温動物で、肺呼吸する。尿酸を糞と一緒に排出する。卵で生む…」

ダラダラと並んでいるだけで頭に入りづらい…

自分で「**マインドマップ**」を書いてみる。

えーと、せきつい動物にはどれだけ種類があるのかな…

ええと、呼吸の仕方は…

そのほかの特徴を書き足していくと

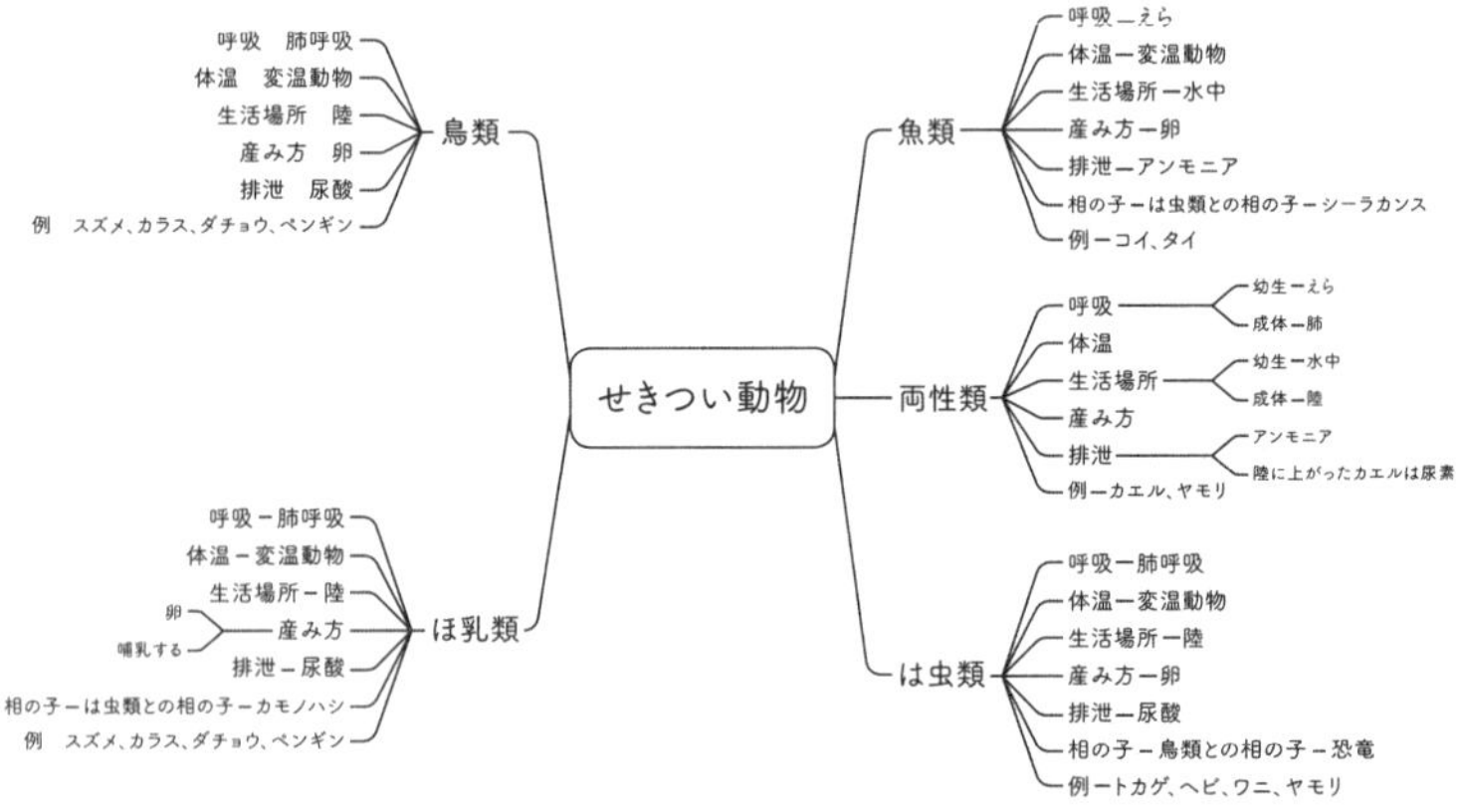

マインドマップは脳の仕組みと一致しているらしく、頭に入りやすい。

※自分で書かないと頭の中に入っていきません。自分で書いてみましょう。

私は京大の数学で証明問題があると、前提から連想できること、結論から連想できることをマインドマップで広げていって、どの枝が前提と結論とを結ぶかを探すようにしてみました。これでどうにか、時間内に1、2問は解けるようになりました。

マインドマップは、難解なものに限らず暗記するものにしても、すっきり論理的、視覚的に整理できる方法なので、記憶にもとどめやすくなります。

「連想ゲーム」でどんどん枝を伸ばしていく、というだけの単純なルールですから、中学生でもマスター可能です。だまされたと思って、やってみてください。

第7章

創造性・グリット・見渡す力

Q45 創造性のある子どもに育てるにはどうしたらいいですか？

A 創造性は「方法」をマスターすれば誰でも発揮できます。

人工知能が将来、人間の仕事の多くを奪うと言われています。そんな時代には、創造性を発揮する仕事しか残らないとも言われます。そのためか、多くの親からは、自分たち世代では想像もつかなかった社会で生きていく子どもが心配という声が聞かれます。

では、どうしたら創造性を発揮することができるのでしょう？　ここでは、研究者として気づいた創造性（イノベーション）のコツを四つ紹介したいと思います。

【コツその1】「どうせ」を「どうせなら」に変える

看護師という仕事は、昔、魅力のある仕事とは思われていませんでした。患者の血や膿《うみ》で汚れた格好だったからです。しかしナイチンゲールは汚れるたびに清潔な服に着替え、患者のシーツも頻繁に交換し、病室を常に清潔にしました。**「どうせ」汚れるとみんな諦めていたのに、「どうせなら」清潔で居心地の良い環境を心がけたのです。**これが衛生学的にも理にかない、死亡率が激減、看護師は女性の憧れの職業に生まれ変わりました。

「死に化粧」も「どうせなら」で生まれ変わった仕事の一つ。みんなが嫌がる当番だったのを、一人の看護師が一念発起し、遺体の肌に合う化粧品を研究し、生前の姿によみがえった遺体を見て、ご遺族が泣いて喜ぶようになりました。いまや「エンゼルメイク」と呼ばれ、全国から研修生を集める技術となっています。

トイレも「どうせなら」で生まれ変わったものです。ある女子大生が卒論で、清潔なトイレがある観光地はリピート率が上がることを示しました。その女子大生がトイレメーカーに就職した頃から急速にトイレが変わり、いまや汚したら申し訳ないほどきれいで居心地のよい空間に変わりました。「どうせなら」の発想で生まれ変わった代表例です。

「どうせ」と軽く見られていた仕事や商品を「どうせなら」で生まれ変わらせる。これはさまざまな分野で活かせるイノベーションの方法です。「価値観」を人工知能が獲得するにはまだ時間がかかるでしょうから、この創造性は人間ならではの技術と言えるでしょう。

【コツその2】誤解によるイノベーション

昔、ある眼鏡屋さんがコンタクトレンズを持っているという外国人の客にぜひ見せてほしいと懇願しましたが、「高価なものだから」と断られました。それで眼鏡屋は眼球をよく観察して、自分でコンタクトレンズをつくりました。できたのは、瞳のサイズのコンタクトレンズ。ところが当時欧米で主流だったのは、眼球全体を覆う巨大なレンズだったそうです。もし実物を見せてもらっていたら、瞳サイズのコンタクトレンズは日本で生まれていなかったかもしれません（「メニコン」ウェブサイト「会社情報 沿革」より）。

情報が正確に伝わらずに起きた「誤解」は、イノベーションのきっかけになります。あえて「誤解」の発生を楽しみながら、新しい発見をするのも、おもしろい方法です。

【コツその3】「訊《き》く」イノベーション

Q33でも紹介しましたが、古代ギリシャの哲学者ソクラテスは、若者にとても人気があったそうです。ソクラテスのそばにいると、思いもしないアイディアが次々と湧いてきて、自分が天才のような気持ちになったことが魅力だったといいます。

詳細は179〜180ページで説明していますが、それはソクラテスの「産婆術」、すなわち「訊く力」が、知識のないところから新たな着想を得るものだったからです。

子どもに創造性を身に着けてほしいなら、「教える」のではなく「訊く」ことを中心にし、子どもと問答を楽しんでみてください。伝えたことを間違って解釈しても、それをすぐ正そうとするのではなく、その「勘違い」の話をおもしろがって聞いてみてください。情報を「ズレて」受け取り、そこから連想することに新しさがあると子どもは体験的に理解します。

【コツその4】教科書を見つめ直すイノベーション

金属の専門分野（冶金学《やきん》）では、「水素脆化《ぜいか》」という現象が知られています。水素が金属に染み込んで金属をボロボロにもろくするのだそうです。ある研究者が「水素を徹底的に染み込ませたらどれくらいもろくなるのだろう」と実験すると、むしろ頑丈になりました。「水素に金属をさらすともろくなる」という教科書的常識は「中途半端な濃度の水素にさらすと」という前提があったのです。教科書の前提とは違って「徹底した高濃度の水素にさらす」と、別の現象が起きたわけです。

教科書に書かれている「正解」は「ある前提のときには正しい」ものです。前提が変わると常識が覆ります。そう考えると、教科書自体がイノベーションの泉のように見えてきます。前提条件を変えれば、どんな新しい現象が起きるかわからないからです。

子どもに創造性を身に着けてほしいなら、**教科書の記載は「制限つきの正解」であることを伝えることをおすすめします。**

以上のような創造性のコツを親が把握し、日常会話の中で意識して取り入れると、柔軟な発想ができる子どもに育つでしょう。

POINT 45

子どもの創造性を育むには、「正解」から「ズレ」た子どもの発言を否定せず、そのまま話を「訊《き》き」続けてみてください。

Q46 自分の頭で考えられる子に育てるには？

A 「科学の五段階法」が有効です。

学生は大学3年生になってもまだ、「先生は正解を知っている」と思い込んでいる、ということが大学の先生たちと話題になりました。そしてその「正解」を一つでもたくさん記憶するのが勉強だと思ったまま卒業してしまう学生も少なくありません。

しかし現実には先生も知らないことばかり。そして研究というのは、何がどうなるのか誰も知らない未知に取り組む作業。正解がない世界です。

これは実社会に入ってもそうです。たとえば「お客さんでいっぱいの喫茶店をつくりなさい」と会社から指示されたとします。どんな喫茶店が正解かわかりません。たくさんの喫茶店を見て回り、人気の喫茶店にはどんな特徴があるか、観察することになります。

人気の店そっくりにつくればいいだろう、と思って始めてみたら、その地域はお年寄りばかりで若者向けの内装はウケなかったということも起こり得ます。そうしたら、お年寄りの好む店作りとは、と次の試行錯誤が始まります。

このように、ビジネスの世界では正解がありません。現代はほしいものが特にない時代。何を提供すればよいのか「正解」がない時代に、ビジネスも突入しています。正解をたくさん覚えていることは、参考事例がたくさんあるということなので無駄にはなりませんが、新しい発想は過去の正解の中からは見つかりません。どうしたらよいでしょうか?

私は、それを解決するのが科学の方法論だと考えています。「科学」なんて言葉を聞くと、とたんに心の耳タブがパタンと閉じる人もいるかもしれません。

でも、科学の方法は、赤ちゃんがごく自然にやっている行為です。あるいは、恋をするときも。実は、科学の方法は、人間にとってのもっとも原初的な学習スタイルとして備わっています。

赤ちゃんは大人たちの話す言葉に耳を傾け、その様子を注意深く観察しています。次第に「ちょうだい」と言えばほしいものを取ってもらえることに気づきます。そこで「ちょうだい」って言えばほしいものを取ってもらえるんじゃないか、と仮説を立てます。でも「ちょうだい」はまだ言いにくいから、「だい!」って言えばわかってくれるかな、とさらに仮説を立ててみます。

そしてついに試してみる。「だい!」「あ、スプーンがほしいの?」。うん、とうなずくと、お母さんがスプーンをそばに持ってきてくれた。大成功! じゃあ、今度から何かを取ってほしいときは「だい!」って言えばいいんだな、という「理論」が構築されます。

①お母さんやお父さんの様子をじっと見守る――**観察**
②何かほしいものがあるときに話しかけている言葉があるようだ――**推論**
③「だい!」って言えば、ほしいものを取ってもらえるんじゃないか――**仮説**
④よし、実際にやってみよう!――**検証**(**実験**)
⑤うまくいった部分と、いかなかった部分はどこだろう――**考察**

観察、推論、仮説、検証、考察。この「**科学の五段階法**」を、赤ちゃんは生まれついて実践しています。この方法は、16～17世紀に活躍したイギリスの哲学者、フランシス・ベーコンというおいしそうな名前の人が提案したり、「それでも地球は回っている」で有名なイタリアの天文学者ガリレオ・ガリレイという人が実践したりしたものです。

赤ちゃんが言葉を覚えるのも、ハイハイから立ったり歩いたりと運動機能を発展させていくのもすべて科学の方法と同じことをやっています。私は、**仮説を立てては試行錯誤を繰り返すこうした思考法を、「仮説的思考」と呼んでいます。**

その視点で考えると、**小学校入学前の子どもたちはすばらしく「科学的」に学んでいます。ところが小学校に通うようになると、子どもは科学的に学ぶ方法を忘れてしまいます。**

これはおそらく、学校での学びが「正解」をたくさん記憶する、無味乾燥な作業に陥りがちだからでしょう。何がどうなるかわからない「未知」と向き合うワクワク感がなく、「昔の誰かが正解だと突き止めた出がらしのお茶のような言葉を丸暗記する」という至極つまらない作業を続けなければならなくなります。この作業が、大学4年生になって研究室やゼミに入るまで、延々と続くわけです。うっかりすると、卒論を書くくらいでは「正解を丸暗記」する習い性から抜け出せません。修士課程を経てようやくその「悪習」から抜け出せるかどうかです。

学校の先生も親も「正解をたくさん覚える」以外の学習法をやったことがない人が多いので、近く導入される予定のアクティブ・ラーニングなど、新しい教育方針、新しい大学入試対策には大いに戸惑うことでしょう。

でも、あまり難しく考えることはありません。**赤ちゃんが言葉を覚えたり、「できない」ことを「できる」に変える過程で見せる学習習慣を、子どもに、もう一度取り戻させればよいだけのことです。**これを格好良く言うと「科学の5段階法」になります。

すべての人間が潜在的に備えるこの学習法は、これまでの丸暗記型の学習内容においても、実はきわめて有効な方法でもあります。

たとえば「瀬戸内式気候」を暗記するだけではつまらないですが、陸地に包まれた海という意味で地中海が似ているな、と気付いたら、「地中海性気候」は瀬戸内式気候とよく似た特徴があることを「発見」できます。すると、強い印象が刻まれます。

ただの暗記物に思えても、観察・推論・仮説・検証・考察の五段階法で次々に新しい「発見」（先人が発見したことの追体験ですが）が自分の力でできると、うれしくて記憶に刻まれやすくなります。

ただ覚えろというのではおもしろくありませんが、何らかの法則性などを発見する作業として暗記を位置づけると、おもしろさも感じられるようになり記憶もスムーズに行われるようになります。深く刻まれる記憶というのは、知と知のネットワークで織りなされているからです。

POINT 46

「科学の五段階法」とは、
観察、推論、仮説、検証、考察。
赤ちゃんが自然に行っているこの学習法が、
考える子どもを育てます。

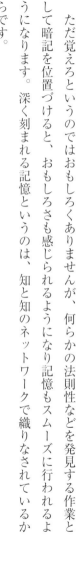

Q47 ちょっとしたことで心が折れてしまいます。

A 理不尽を排除しすぎないようにしてください。

その学生は挫折らしい挫折を経験したことがありませんでした。小さい頃から大学まで成績優秀、性格も温厚で、人から嫌われることもありませんでした。

ある日、先輩にきつく注意されてから、大学に行けなくなりました。年上の人間から厳しく当たられるという、「生まれて初めて」のことにショックを受けたようです。

最近の大学生は、こうした事例が少なくないようです。ゆとり教育以後、通塾率が非常に高くなり、子どもから「遊び」が奪われたことが原因ではないかと私は考えています。子ども同士の遊びには、理不尽なことや葛藤、ちょっとしたケンカもあり、精神的な成長のために重要な要素がたくさん含まれています。

子ども同士で遊んでいなかったり、親から理不尽なことをほとんど言われたことがなかったり、親が先回りして障害を取り除いてあげたりすると、十分なレジリエンスが育まれないことがあります。レジリエンスとは、ショックから立ち直る強さのことです。

大学の先生によるといまの学生は「叱ると来なくなる」そうです。それを聞くとますます子どもたちに「レジリエンス」が失われてきているように感じます。ある程度の打撃なら、自分で何とか折り合いをつけ、再度立ち上がる。そんな力が失われているようです。

麦は芽を出す頃に踏むと茎がしっかり丈夫になるといいます。麦踏みを経験することで、麦にレジリエンスが備わるのでしょう。


私は、理想的な親である必要はないと考えています。ときには物わかりが悪く、ときには感情的になる「人間的な」面を子どもに見せてよいと思います。毎日それだと困りますが、ときどき人間的な弱さを見せることで、子どもは「ああ、親も人間なんだな」と感じますし、弱い人間だからこそレジリエンスを発揮して、親も修正しているんだなということが伝わったほうがよいでしょう。

そして、子どもがトラブルに遭ったときは変に先回りせず、「レジリエンスを獲得するよい機会だ」と考え、どうやったら我が子がそれを克服できるか、次に似た事態が生じたとき、さらにうまく乗り切るにはどうしたらよいのかを学び取ってほしいと考えていただきたいです。もちろん、子どもに回復不能のダメージを与えてはいけません。麦踏みは強い麦にするためであって、麦を踏みつぶすためではないのですから。

いじめが深刻になるほどの事態は、もちろん話が別です。

ちょっと極端な事例ですが、忘れられない出来事を一つ紹介します。

道案内がきっかけで仲良くなった韓国からの留学生がいました。一緒に居酒屋で飲んでいると、言葉から見当をつけたのでしょう、ガラの悪い強面《こわもて》の男性が「わしは朝鮮人が嫌いじゃ！」と何度もわめきました。

留学生が立とうとするのを私は必死になってとめましたが、私に何度も目配せするのです。そこで手を離すと、「あなた、気に入らないね！」と大声で言いながらその男性に突進！と思ったら、男性の隣にドカンと座り、「ママさん、ビール！」。ママさんが慌てて出したビールを男性のコップに注ぎながら、「あなた、気に入らないね！」。

いつでも殴り合える間合いまでつめ寄られ、一方でビールを注ぐという好意を示されて、その男性は圧倒されたらしく、「朝鮮人は嫌いだが、お前は気に入った」と返しました。

すると留学生は「これで友達ね！」と、いきなり抱きつきました。面食らった男性は肩を叩いて、ハグを返しました。留学生は、ウインクしながら笑顔で戻ってきました。

売られたケンカでケンカせず、しかも自分の器量の大きさを見せつけた上で事態を収拾した手腕に私は驚きました。昔、強盗に襲われた女性を守るために脇腹を刃物で刺されながらなんとか撃退したという話と、脇腹の傷を見せられ、私は圧倒されてしまいました。

これはちょっと極端な例ですが、理不尽な目に遭《あ》ったとき、まともに怒るのではなく、器量の大きさを見せつけた上で事態を収拾《しゅうしゅう》するということが可能なのだというのを、私はそのとき学びました。

古代中国に、晏嬰《あんえい》という人物がいました。斉《せい》の国の使者として楚《そ》の国を訪れると、楚王は意地悪なことに、正門の横に犬用の小さな門をつくって「そこから入れ」と告げました。怒って帰ったら使者としての使命を果たせません。かといってそんな門をくぐったら使者としての面目丸つぶれです。しかし正門は開けてもらえそうにない。絶体絶命のピンチ。

晏嬰は次のように答えました。「楚の国が犬の国だというなら小さな門をくぐりましょう」。もし小さな門をくぐられたら、楚が犬の国だと認めることになってしまいます。しぶしぶ楚王は、正門を開けました。

楚王はもう一度ワナを用意しました。宴会の最中に斉人の泥棒を引きずり出し、「斉人はみんな泥棒なのか」とからかいました。すると晏嬰は「枳《からたち》と橘《たちばな》という木をご存知ですか。同じ木なのですが、川を隔《へだ》てて葉も実も形の違う木に育ちます。土が違うからです。斉で泥棒をしないのに、楚で泥棒をするということは、楚は人間を泥棒にする土地なのでしょうか」。

楚王は「悪かった。もうからかわない」と謝りました（『晏子春秋　外篇第八』参照）。

社会人になると、どうしても理不尽な目に遭うことがあります。その理不尽にどう対応するか、「知恵」が必要です。学校のお勉強とはまた異なる性質のものです。しかし、社会で生きていく上でとても大事なものです

理不尽に対応する力を育むため、「部活の先輩からこんなことを言われたら、君はどうする？」とか、「先生がこういう人だった場合、どうすればいい？」などと、想定問答をするのも一つでしょう。

もちろん、韓国の留学生や晏嬰の例は、理不尽に対してあまりにも巧みすぎます。不器用な私たちはそうもまいりません。不器用者ならではの「レジリエンス」もあります。「申し

訳ないけど、僕にはこれしかできないんだ」と、黙々とまじめに取り組むだけで、手出しがしにくいほどの威厳が現れます。小器用に立ち回ろうとするより、愚直にコツコツやるほうが、「こんなまじめにやっている人間に、何をするんだよ」と周囲が味方してくれます。

理不尽への対処法を、子どもの個性に合わせて見つけておきたいところです（子どものタイプについてはQ25参照）。

POINT 47

ときには、親の人間的な弱さを子どもの前で見せてしまってください。理不尽にどう対処するか、具体的な場面を挙げて子どもと一緒に考えるのもいいでしょう。

Q48 すでに指示待ち人間で、ちょっと心配です。

A 「周りを見渡す」体験を積ませましょう。

前述しましたが、私の塾では、毎年ゴールデンウィークに子どもたちを大峰山に連れて行きました。普段とは違う環境だと、子どもたちはさまざまな反応を見せてくれます。

その子は勉強がそこそこできる優等生でした。キャンプ地に着くと、子どもたちは薪《まき》を集めたり水汲《く》みに行ったり、テントを張ったり、「まだこれは誰もやっていないな」「この仕事は手が足りていないな」と見極めて動いているのに、その子はボーッと突っ立ったまま。

「おい、薪くらい拾えよ」と言うと、形ばかり始めましたが、やる気なし。

しかし、さあ食事となると、その子が誰よりも先に箸《はし》を伸ばしました。

「待った。君は特に働いていないだろ。君は最後だ」

みんな優しいので、その子の分のラーメンを残しておいてくれましたが、自分の分が残るのかどうか、不安な思いをしたのでしょう。翌日のキャンプ地では、まだ誰もやっていない仕事は？　手が足りていない仕事は？　と鵜《う》の目鷹《たか》の目で探して、率先《そっせん》して動きました。

仕事をした経験があるとわかりますが、「言われるまで動かない」「指示されたこと以外はしない」という人は、企業の中では役に立たないとみなされます。自分の頭で考えて動ける人材が求められます。ところが残念ながら、学校や塾での勉強、いわゆる「座学」では、そうした能力を鍛えることができません。周囲を見渡して、まだ誰もしていないこと、手の足りないところを探し、自分が補っておくという、社会人なら当たり前のことがわかりません。

サッカーの初心者はボールのあるところに集まる「だんごサッカー」になりがちです。サッカーが強いチームは、誰もいないところに走ります。仕事も同じで、周囲を見渡して誰も手がけていないところに気づき、働くことが大切です。「座学」を生きた学問として活用するには、周囲の人たちの仕事ぶりを見渡しながら、自分の仕事をするのが大切になります。

「周囲を見渡す」視点を育むのに、登山やキャンプはとても役に立ちます。**大事なのは、**

あらかじめ役割分担しないこと。何をすべきか（水汲み、薪拾い、かまど作り、料理の下ごしらえ、テント設営、食器の準備など）は明確にしても、誰がどれを担当するのかはその場で子どもたちに考えさせ、決めさせてみてください。するとと、「チーム全体を見渡して自分の仕事を見つける」ことが上手になります。

こういうことは、核家族だけで学ぶのはなかなか難しいです。仲の良いご家族や近所の子どもたちと一緒にバーベキューをするのもよいでしょう。複数の子どもが一緒に楽しくできる環境では、子どもたちも進んで動くので、こうしたことが容易に学べます。

POINT 48

複数の子どもたちが、自分たちで一緒に何かをする体験をさせましょう。「誰もまだやっていないこと」「自分の役割」を見つける力がつきます。

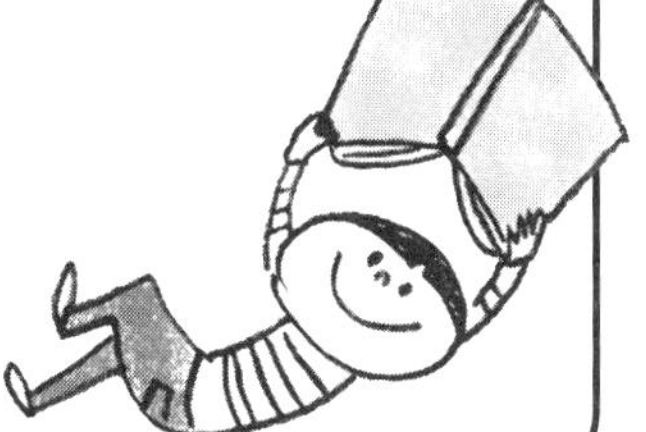

COLUMN

二十歳になるあなたへ

子育ては思った通りにいきません。ここでこれをしてやれたら、とわかっていても、事情が許さず、子どもに十分な環境を用意してあげられないこともあります。親として悔いが残る場面は多々あるでしょう。

ですが、だからといって、子どもが「俺がこんなふうに育ったのは親のせいだ」などと思ったところで、それは仕方のないことでもあります。親に恨み言を言うヒマがあったら、自分で何とかする。それが大人になるということです。

やむを得ずして親が至らず、子どもに何らかのひずみが残ったとしても、それは子ども自身が解決していかなければならない問題です。だからこそ、**子どもが18歳になったら、「二十歳になったら、自分で自分を再構築するように」と伝え始めるとよいでしょう。**

自分を再構築するには、二つのコツがあります。**己を知ること、そしてメモです。**

あの子を見ると心臓がドキドキするのはなぜだろう？
黒い服を着ると気持ちが沈むのはなぜだろう？
優しさ、厳しさ、どちらが人を育てるのに大切なのだろう？

自分にさまざまな問いを投げかけ、そのときの自分にできる精いっぱいの答えを探していきます。それが「己を知ること」です。
そしてそこで考えたこと、感じたことを思いつく限り、ひたすらメモするのです。

自分がなぜ引っ込み思案になったのか？
そのきっかけになった出来事はあったろうか？
どうして僕はおっちょこちょいなのだろう？
そうでない友人はなぜ失敗せずに済むのだろう？

悩みも喜びも、自分がふと気になったことを深く自分に問い、こまめにメモをしていくと、自分の現実を言語化して、冷静に受けとめることができるようになるでしょう。

二十歳になる前後は、一つの精神的な危機を迎えやすい時期でもあります。世間では大人と呼ばれるのに、子どもの頃と違わない自分にいら立ちもします。いったいどういう大人になればよいのだろう？　場合によっては、精神の疾患を発症することが多いのもこの時期です。悩みが深くなり、不眠から始まって、精神の変調を来すことがあります。

しかし、**気づいたことをメモすると、客観視できるようになり、「これにはこう対処してみたらどうだろう？」というアイディアも浮かびやすくなります。また、自分という存在にどう向き合えばよいのか、見えてくるでしょう。**

子どもが自ら考え、自ら判断し、自ら行動する、大人になる。そうなれば、子育ては一応、終了です。子ども自身が自分を再構築し、自分の人生を自分で歩み出したら、それは完全に巣立ったことを意味します。それで、親の務めは一段落ついたと見てよいのではないでしょうか。

18歳くらいから「再構築」の話を折にふれ伝えておき、二十歳になる誕生日にはノートをプレゼントしてください。そのノートが大人に脱皮するカギになります。

おわりに——あとがきにかえて

本書は前著『自分の頭で考えて動く部下の育て方 上司1年生の教科書』（文響社）のあとがきに「本来私の関心は、子育てにある」と書いたのを目に留めた本書の編集者、森鈴香さんが声をかけてくれたのがきっかけです。プロフィールを見てもおわかりのように、教育本を書くにしては私の経歴はかなりユニークです（それは前著についても言えることですが）。

私は塾で子どもたちを指導した10年間に、たくさんの「奇跡」を目にしました。お読みいただけるとおわかりのように、本書はそれをベースにしたものです。

しかし、たかだか二十代の若者が情熱だけで子どもたちをなんとかしようと必死だっただけのことで、何が目の前で起きていたのか、当時の私に正確に理解できていたとは言えません。塾をたたんで16年、その後もボランティアで子育ての相談に応じたり、学生の指導をしたりする中で発酵させてきたことを、本書にまとめました。

塾を始めた頃、教育に関する本を読み漁《あさ》りました。そのとき愕然《がくぜん》とした事実は、「これに従えば大丈夫というマニュアルがない、子どもにどう接すべきかは、目の前の子どもから酌み取るしかない」ということです。私は勘の鈍い人間ですから、子どもが何に苦しみ、何に悩んでいるのか、さっぱりわからず、そんな私が塾の時間だけとはいえ、その子たちの人生を預かるなんて、とプレッシャーに押しつぶされそうな毎日でした。

そんなとき、子どもとの接し方のヒントになる物語に出会いました。『荘子《そうじ》』という中国古典に掲載されている、こんなエピソードです。

「庖丁《ほうてい》」という、料理の名人がいました。この人が王様の前で牛をさばくと、まるでダンスを踊るかのように見事に解体されていくので、王様は大感激。さぞかしよく切れる牛刀なのだろうと質問すると、庖丁の答えは意外なものでした。

「普通の料理人は切ろうとするから、スジや骨に当たってすぐ刃こぼれします。私はよく観察して、スジとスジの間に刃を差し入れるだけだから、ハラリと身が離れるのです。切ろうとしないから刃はますます研ぎ澄まされ、もう何年も研いでいません」

「マニュアル思考」は、マニュアル通りにああしたい、こうしたいという思考にとらわれて、目の前の子どもがいまどんな状態なのか、見る余裕を失います。そしてマニュアル通り、期待通りの結果がでなくて、ガッカリしたり怒ったりします。

ああしたい、こうなってくれれば、という願望や期待は脇に置いて、子どもをよく観察してください。すると、「あ」と気がつきます。「スジとスジの隙間」です。そこにうまく差し入れる言葉、態度を考えてみて、試してみる。その試行錯誤を繰り返すと、子どもにどう接したらよいのかが見えてきます。答えは本の中にあるのではありません。子どもから読み取るものです。

試行錯誤を繰り返す中で見えてきた答えは、意外にシンプルなものでした。「楽しんじゃえ」です。

この子はいったい何を見ているんだろう？　なんでこんなことに興味を持っているんだろう？　この子がいま「あっ！」と声を上げたのはなぜだろう？　それをじっと観察してみてください。そうすれば、本書に書いてあることをあれこれなぞろうとしなくても、自然に子育てを楽しみながら実践できている自分に気がつくことでしょう。

そんな親の言葉、姿勢を受けて、子どもは学ぶことを楽しみます。「できない」が「できる」に、「知らない」が「知る」に変わる瞬間を親が一緒になってビックリし、楽しんでいる。それが何より、子どもの学習意欲にアクセルをかけます。

親の理想形として、私は『赤毛のアン』（ルーシー・モード・モンゴメリ著）のマシューを思い出します。マシューは人付き合いが苦手で不器用、無口。けれど、アンが楽しそうだと心から喜び、アンが悲しむとオロオロとうろたえます。孤児だったアンが絶対的な自己肯定感を持てたのは、マシューのおかげなのだと思います。もちろんこれは小説で、現実ではありませんが、たくさんの人たちからこの作品が愛されてきたのには、それなりの真実が含まれていると考えています。

親は立派である必要はないのだと私は思います。マシューのように、とてつもなく不器用なまでに子どもの成長を喜ぶ人がいれば、「悲しませるようなことは決してしたくない、もっと喜んでほしい、私の成長にもっと驚いてほしい」と子どもは願い、人生を肯定し、前に向かって進んでいくでしょう。

もう一つ小説の紹介を許していただくなら、『アルプスの少女 ハイジ』（ヨハンナ・スピリ著）に登場する「クララのおばあさん」は、「他人の大人」の理想形です。

ハイジはクララと同じ家庭教師から教えてもらっているのに、ABCさえ覚えないのでサジを投げられていました。そんなとき、クララのおばあさんはハイジにきれいな挿絵《さしえ》のある本を贈りました。大好きなアルプスの山々に似た美しい絵を見て、ハイジはこの本を読んでみたい、そしてできるなら目が見えなくて困っていた、友人のペーターのおばあさんにこの本を読んであげたい、と願うようになりました。その後ハイジは、家庭教師も驚くスピードで学力を向上させました。

クララのおばあさんはハイジに勉強を教えていません。ただ、文字を読めたら楽しそうという「楽しみ」を指し示しただけです。あとはハイジが自らそれを楽しもうとしただけです。クララのおばあさんはハイジと本を読むのを楽しんでいます。そう、学ぶことは楽しい。学んで成長する姿に大人が驚くと、子どももうれしい。そうした循環が、学習意欲の源泉なのだと思います。

私たち夫婦には2人の子どもがいます。本書を読んでくださった方々には申し訳ないですが、本音では親として不安でいっぱいです。私の見るところ、偉そうに教育を語る人が子育てで失敗している事例はたくさんあります。「本書を書いたことが原因で子育てに失敗するなら、なんにもならない」と悩んだ時期もあります。

嫁さんと常々話し合っているのは、「たくさんの人に助けてもらおう」ということです。本書をお読みいただいた方にはおわかりのように、子育ては親の力だけでは成り立ちません。様々な人の手を借りて補ってもらうことでようやく成り立つものです。子どもはやがて学校に通い、社会に出て、親の庇護《ひご》の外に出ることを考えれば、「他者」の存在をどうしても考えなければなりません。

しかも、思春期になると親の言うことを聞かなくなることがあります（特に男の子）。ですので、私の教え子たちには「そのときにはうちの子の話を聞いてやったり、叱ってやってくれ」と頼んでいます。親の言葉を聞かなくても、親以外の人の言葉だと思春期の子どもは重く受けとめるからです。

親に足りないところを、たくさんの人たちの力で補ってもらう。その代わり、子育てで困っている親御さんがいたら、自分が補う役を果たすようにする。そうして、助け合う関係を大切にしたいと思っています。

本書を手に取る人は、都市部の方も多いでしょう。都市部では「他人の力を借りる」ことがとても難しい場合があります。「隣は何をする人ぞ」という状態。これでは助け合いも成立しません。「他人の力を借りるには、お金を払って塾や習い事をさせるに限る」という話も聞きます。やむを得ない事情だと思います。しかし何でもお金がないとできないのなら、経済格差が学習意欲を損なうことになりかねず、いたたまれない思いがします。

そこで、本書を読んでくださった方にお願い。

できるやり方で結構ですから、SOSを発信してください。たとえばツイッターで「#お母さんピンチ」「#お母さん大変」などとハッシュタグ（#）をつけて、自分が困っていること、苦しいことをSOSしてください。あるいは、メールでお友達や公共の相談室にSOSを発信するのでもかまいません。

あなたが困っていることは、大概のお母さんが困っています。ＳＯＳを出せば、共感する人が現れ、お母さんたちが何に困っているのかということに、なかなか気づかない男性や社会にも、やがて伝わります。

今のお母さんたちは頑張り屋さんで、一人で抱え込んでしまいがちですが、どうかあなたのつらい気持ちを分かち合わさせてください。

本書は、私と嫁さんの間に生まれた子どもたちが困ったときに誰かが助けてくれるとありがたいな、という思いで書いたものだと言えます。その代わり、本書を手に取ってくださった親御さんたちに、いささかの助けになればと思って、本書をつづりました。一緒に子育てに悩み、楽しんでいる「同志」として、本書を手に取った親御さんたちとつながり、補い合えればと存じます。

助け合えば子育てを楽しむ余裕も生まれます。一緒に子育てを楽しんでいければ幸いです。子どもが学ぶことをおもしろがり、親がその様子を見て驚いたり喜んだり、他者がほんの少しそれを手助けする。そんな社会が実現できれば、ずいぶん楽しいことになると思いませんか？

終わりのほうになりましたが、遅筆な私を辛抱強く励まし続けてくれた編集者の森鈴香さんがいらっしゃらなければ、とても本書は日の目を見ることはありませんでした。私の至らぬ文章に目を通し、適切なアドバイスをくださる編集者と出会えたことは、私にとって僥《ぎょう》倖《こう》と言わなければなりません。

また、本書を書き上げるに当たり、嫁さんの両親や私の母など、親族が支えになってくれたことも注記しなければなりません。子育ての本を書くと子育てに参加する時間が減るという矛盾をどうにかやりくりできたのは、祖父母が子どもたちの相手をしてくれたからです。

そして何より、嫁さんです。本書は、嫁さんと相談しながら歩んできた今日までの道のりを書き留めた「交換日記」のようなものでもあります。ですから、嫁さんは共同執筆者と言ってかまわないと思います。私は理屈ではわかっていても実践においては理屈どおりにできず、子どもたちへの接し方で失敗することが多々あります。それを嫁さんはヒョイと簡単にこなしてしまいます。その様子を観察して、子育てのコツをたくさん学ばせてもらいました。嫁さんとの出会い、そして今日までの日々がなければ、本書は書けませんでした。いつも苦労をかけ、支え続けてくれている嫁さんには、この場を借りて深く礼を言いたいと思います。

そして、塾生を初めとする、教え子たち。「教え子」とは言いますが、実のところ、彼らから「子育て」なるものを教わったと言えます。「そうか、ここがスジとスジの隙間なのか」という発見をさせてもらい、次に活かす、という試行錯誤の連続でした。「いまの自分だったらあのときこう指導したのに」という思いがないとは言えません。私の教え子たちは、私の「肥やし」になってしまったと言えます。せめて本書が、彼らの子育てに少しでも役に立ってくれたなら、と願います。私は結婚が遅かったので、教え子たちの子どものほうが大きかったりするのですが。

そして最後に。本書でも何度か登場した私の父は、二つの小学校を束ねるガキ大将として育ちました。私が小さい頃、団地の広場でたむろしていた暴走族のお兄さんたちのタバコを取り上げ「周りで大人たちが怖がってるやろ。吸うなら隠れて吸え。可愛げがない」と言いながら、揉《も》みつぶした分のタバコ代を渡そうとして、お兄さんたちが両手を振って逃げていく様子をよく覚えています。

人付き合いが苦手な私が、子どもを教えるという難事業（塾）をやってみようと思えたのは、父がいたからです。若い頃からたくさんの子どもを山や海に連れていった父は、子どもが何に悩み、何に苦しみ、どうすればそこから逃れられるのか、見抜く力が卓抜していました。私が子育てについて語れるようになったのは、父の存在なくして説明できません。

また、母は孤独な育児に悩むお母さんたちが交流できる育児サークルを運営していました。大阪ではまだ公的サービスは始まっておらず、おそらく最初だったと思います。この中でいかに世のお母さんたちが孤独な中で育児を強いられているのかを知りました。本書では字数の関係で言及できませんでしたが、深刻な問題です。本書は「親にできること」に限定して記述しましたが、環境が厳しければ個人の努力を超えてしまいます。この問題にも今後、発信していきたいと思っています。ぜひ皆さんのご協力をお願いいたします。

両親のこうした分厚い蓄積が、私の子育てに関する体験と思考を深めてくれました。亡き父が大好きだった子どもたちが、日本中で、世界中で笑顔になること、そして子どもたちを育てる親御さんたちが子育てを楽しめるようになること。そのきっかけにもし本書がなれるなら、父もきっと大喜びするでしょう。

篠原　信

著者略歴

篠原 信　しのはら・まこと

1971年生まれ、大阪府出身。農学博士(京都大学)。国家公務員Ⅰ種採用試験を経て国立研究開発法人 農業・食品産業技術総合研究機構 上席研究員。

中学時代に偏差値52からスタートし、四苦八苦の末、三度目の正直で京都大学に合格。大学入学と同時に塾を主宰。不登校児や学習障害児、非行少年などを積極的に引き受け、塾生からは「男塾」、外部からは「不良塾」と呼ばれ、悪戦苦闘しながら10年間、およそ100人の子どもたちに向き合う。2000年に大学の教員になって以降、学生や大学院生を指導しつつボランティアで育児相談や子どもの学習指導、市民講師などを務め、現在も継続中。06年より名古屋大学理学部地球惑星科学科の学生を12年間研究指導。また、mixiコミュニティ「こどもの教育」で子育て中の親や教育関係者らと活発に意見交換をしている。2児(18年2月現在、5歳と2歳)の父。

本職は研究者で、自称「トマトのお医者さん」。著書に『自分の頭で考えて動く部下の育て方　上司1年生の教科書』(文響社)があるほか、「JBPress(日本ビジネスプレス)」や「東洋経済オンライン」などに記事を発表している。

子《こ》どもの地頭《じあたま》とやる気《き》が育《そだ》つ
おもしろい方法《ほうほう》

2018年2月28日　第1刷発行

著　者　篠原信
発行者　友澤和子

発行所　朝日新聞出版
〒104-8011 東京都中央区築地5-3-2
電話　03-5541-8814(編集)
03-5540-7793(販売)

印刷所　大日本印刷株式会社

Published in Japan by Asahi Shimbun Publications Inc.　ISBN978-4-02-251534-6

朝日新聞出版の本

地政学の逆襲

「影のCIA」が予測する覇権の世界地図

ロバート・D・カプラン
櫻井祐子＝訳

世界的なインテリジェンス企業
「ストラトフォー」の
地政学チーフアナリストによる
衝撃の未来予測！
NYタイムズ・ベストセラー！

地政学
の
逆襲

「影のCIA」が予測する
覇権の世界地図

ロバート・D・カプラン
櫻井祐子訳
奥山真司 解説

THE REVENGE OF GEOGRAPHY

世界は"フラット化"していない！

●朝鮮は再統一されて中国寄りにシフト、日本に再軍備を促す
●中国は自国軍を縮小、オセアニアでの海軍活動を拡大し中国の覇権を阻止する
●中東の和平と発展のカギを握るのはイラン

朝日新聞出版

NYタイムズ ベストセラー

四六判・上製
定価 本体2800円＋税